2022年度山西省高等学校哲学社会科学项目"胡适育人思想的演变及其当代启示"结题成果（编号：2022W117）

胡适育人思想研究

雷月荣 ◎ 著

九州出版社
JIUZHOUPRESS

图书在版编目（CIP）数据

胡适育人思想研究 / 雷月荣著. -- 北京：九州出
版社，2025. 1. -- ISBN 978-7-5225-3500-5

Ⅰ. G40-092.7

中国国家版本馆 CIP 数据核字第 2025YT2091 号

胡适育人思想研究

作　　者	雷月荣　著
责任编辑	杨宝柱　周　春
出版发行	九州出版社
地　　址	北京市西城区阜外大街甲 35 号（100037）
发行电话	（010）68992190/3/5/6
网　　址	www.jiuzhoupress.com
印　　刷	武汉鑫佳捷印务有限公司
开　　本	787 毫米×1092 毫米　16 开
印　　张	13.5
字　　数	194 千字
版　　次	2025 年 1 月第 1 版
印　　次	2025 年 1 月第 1 次印刷
书　　号	ISBN 978-7-5225-3500-5
定　　价	75.00 元

前　言

　　胡适育人思想是近代育人思想的重要组成部分，也是我国教育思想体系中一颗尚待开采的明珠。胡适育人思想主要体现为对国民健全独立人格的培育，倡导通过个人改造与社会制度改造相结合的途径实现人的独立、自由、平等人格的建构。当前社会道德建设存在一种忽略独立人格、批判意识和责任精神的价值取向，存在一种重视人的改造、忽视制度建设的"单项决定论"倾向。历史上，那些被批判过的国民素质问题如今在国人身上仍然有迹可循。因此，系统梳理与深入研究胡适育人思想，对于改革学校道德教育、实现中国人的现代化、提高国人素质有重要的意义和价值。

　　本书从以下方面探讨胡适育人思想问题。

　　首先，本书讨论了胡适育人思想的目标、内容、途径等问题。造就具有健全独立人格的现代人是胡适育人思想的终极目标。健全独立人格主要表现为独立批判态度、自由冒险精神与责任意识。胡适基于健全独立人格，对国民素质批判、国民素质建构、国民素质改造等一系列基本问题进行了深入的论述与阐释。在国民素质的批判上，胡适育人思想由对"无国民意识"的批判发展到对"无个人意识"的批判。据此，胡适对女子问题、贞操文化、传统孝道、封建礼俗、"家族的个人主义"等传统礼教进行了深入的批判。在国民素质的建构上，胡适育人思想由"现代国民"发展到"现代人"，最终提出了"健全的个人主义"。"健全的个人主义"要求现代人应具备两个特点：其一，"个人有自由意志"；其二，"个人担干系，负责任"。在国民素质的改造上，胡适育人思想由"单项决定论"发展到"双向互动论"，最终形成了"制度与人"双向互动的改造路径。双向互动改造包括以教育、文学为主的"人的改造"和以"民主制度"为主的"制度改造"两个方面。

其次，本书分析了胡适育人思想对当代教育的启示。"育人问题"根本上是"人的现代化问题"，包括两大关键主题：其一，育人的"立国"与"立人"问题，其实质是"人的现代化"中的"集体"取向和"个人"取向问题；其二，育人的"单项"和"双向"路径问题，其实质是"人的现代化"和"社会现代化"的关系问题。前者关乎"造就什么样的人"，后者关乎"如何造就这样的人"。胡适育人思想勾勒出一条以"权利与责任"为旨要、以"双向互动"为路径的具有重大现实价值的育人思路，实现了对集体主义和个人主义的反思和超越，是对国家现代化和人的现代化的平衡和弥合。

再次，本书揭示了胡适育人思想存在一定的局限性。这方面体现为现代性和建立现代民族国家两难兼顾。近代中国面临现代性与建立现代民族国家的双重任务。胡适引进西方自由主义思想时，不自觉带入了民族、国家意识。他一方面宣扬"个人价值"，试图"解放个性"；另一方面迫于建立现代民族国家的时代任务，其育人的目的更多的是强调强国护民，导致"解放个性"被弱化。两者兼顾成了胡适育人思想的一大悖论。内在方面体现为中国自由主义自身问题：自由、平等、民主等思想由西方引入，而非本土生发；改造主体中国资产阶级软弱无力；改造方式以批判为主调，建设性较弱；实验主义内在局限；等等。

最后，本书指出当前中国人的现代化仍未完成，国民素质仍有待提升。基于对中国人现代化的现状分析和胡适育人思想的整全性阐释，立足当前我国教育的实践，一种依循于健全独立人格的"社会合格公民教育"理念应该成为未来教育理论研究和实践探索的关注对象。

总而言之，胡适育人思想主要围绕"健全的个人主义"展开，倡导通过个人改造与社会制度改造相结合的途径实现人的独立、自由、平等人格的建构。这一思想对于改革学校道德教育、提高国人素质有如下重要的意义和价值。

其一，胡适育人思想研究具有重要的理论价值和意义。目前学界对胡适的研究很丰富，但缺乏对其育人思想的整全研究。学界对胡适育人思想的研究零散分布于胡适育人思想的形成原因、目标、内容、途径、方法，以及与其他学人育人思想的比较研究等方面。然而，胡适育人思想是非常系统的，也是发展变化的。从横向来看，对胡适育人思想的研究不仅应包括育人思想的形成原因、目标、内容、途径、方法，还应包括其未成为历史发展主流的原因，及其在中国人的现代化进程中的贡献、局限、影响等方面。其中最为鲜明的是，胡适从"制度与人"角度分析了育人路径，旗帜鲜明地提出了"制度育人"的育人途径。这一思路弥补了近代史上众多先贤就道德谈道德、就国民素质谈国民素质的育人思路，走出了"单项决定论"的迷途。因此，系统研究胡适育人思想，不仅有利于全面揭示胡适育人思想，而且可以探索制度在国民素质形成中的积极作用，从而形成胡适育人思想的完整图谱。从纵向来看，当前关于胡适育人思想的研究更多聚焦在胡适中晚年思想上，忽视了其早年思想的研究。事实上，胡适育人思想不是不变的。从历史视角研究胡适育人思想的演变，无疑填补了当前研究的空白与不足，并且有利于从历史角度拓宽胡适育人思想的研究视野，从而更加全面地再现其思想体系。

其二，胡适育人思想研究具有深远的现实价值。改革开放以来，我国在增强国民身体素质、普及国民科学文化及提升国民道德素质等方面取得了巨大成就。然而，历史上那些被批判过的国民素质问题，如虚伪、奴性、麻木、冷漠、愚昧、顽固、自卑、自私等，在当今国人身上仍有迹可循。胡适认为这些国民素质问题阻碍国民对民主政治的认知、限制国民对文明文化的汲取、阻滞国家变革力量的形成。历史上，胡适对国民素质具体内容的分析是全面的，对育人途径的认识是独到而深刻的。他提出育人应以"健全的个人主义"为切入点，塑造具有独立人格和责任意识的现代人。他认为社会制度与国民之间密切相关，国民的改造应以制度变革为前提，民主制度造就现代人格。因此，系统总结和分析胡适关于育人问题的经验成果，对育人途径的探寻和当今社会道德建设，都有着重要而深刻的现实意义。

本书是在本人博士论文《胡适国民性改造思想及其教育启示》基础上的进一步研究和拓展。博士毕业后，在进行国民性理论思考的同时，我尝试从胡适育人思想"制度与人"关系的更高层面，揭示胡适对人的现代化方面的理论思考及其当代价值。本书也一定存在本人尚未发现或已发现但未能解决的问题，现有的观点也仅是作者的一些认识和思考，希望通过这些研究为读者提供一个有关胡适育人思想方面的独特空间。由衷期待专家、读者批评指正、真诚对话！

目　录

导　论

第一节　为什么研究胡适育人思想

　　胡适育人思想是近代育人思想的重要组成部分，也是我国教育思想体系中一颗尚待开采的明珠。笔者关注胡适及其育人思想，缘由众多，既有个人性格、兴趣方面的因素，也有师门研究传统的影响。就研究问题本身而言，笔者认为有以下几个方面。

　　第一，基于历史资源，众多历史先贤的育人思想已蔚然可观。近代以来，众多历史先贤对育人问题进行了探索，都曾对国民素质问题进行过批判，也提出了相应的育人思路，形成了丰富的历史资源。在育人目的上，先贤们形成了"立国"或"立人"的不同发展思路。严复、梁启超等强调"立人"之于国家更生、民族独立的现实价值，培育为民族国家发展所需的"新民"成为其育人目的。以胡适为代表的新文化运动精英强调"个人"价值，倡导个人人格的独立和个性的解放。但遗憾的是，救亡压倒了启蒙，这一启蒙事业最终被救亡之急务中断。以李大钊、陈独秀为代表的早期共产主义知识分子认为，要挽救危机，需借助集体、阶级的力量对抗现实。他们否定了育人的个人价值取向，转而关注育人的集体主义取向。在"我们要培育什么样的人"这一育人目的上，历史先贤留下了不同的思路和经验。从现实来看，当前社会道德建设仍存在一种忽视独立人格、批判意识和责任精神的倾向。可以说，以胡适为代表的新文化运动精英的"立人"育人思路，对于当下人的现代化建设仍具有重要的意义和价值。在育人途径上，先贤们也留下了不同的路径，如梁启超提倡办报纸、办学校、写小说，鲁迅主张文艺改造、教育改造，陈独秀等早期共产主义分子提倡群众运动等。不同于以上通过思想革新育人的改造思路，胡适提出了"制度与人"双向互动的改造路径，强调应将人的改造和社会制度改造结合起来育人。可以说，先贤们对育人问题的探索，为当代育人问题提供了一个历史坐标，使人们能够明晰该问题的历史发展，并汲取已有成果的经验。这也意味着，当代社会道德建设应回头重新审视走过的百年历程，在历史中批判继承，在此基础上才能探寻一种可能的解决方案。

第二，基于现实关照，社会转型背景下国民素质亟待提升。近年来，国民道德水平问题备受诟病，经济水平与国民道德素质不相称的现状受到了广泛关注。近代先贤所揭示的诸如奴性、冷漠、缺乏公德心等国民素质问题，似乎依旧存在于国民身上，我国国民素质问题正面临着严峻的挑战。在我国社会转型的宏大背景下，国民素质问题仍然是今人不得不面对和解决的一项重要历史课题。当"救亡压倒启蒙"已成为历史，胡适等新文化运动精英所宣扬的民主、自由、平等等政治观念在当下显得尤为珍贵，对当今社会依然存在的国民素质问题具有极强的指导作用。因此，对胡适的研究，尤其是其"国民素质"或道德伦理方面的研究更应加以重点关注和挖掘。

第三，基于当前认知，胡适在一定程度上可被视为我们"熟悉的陌生人"。胡适是新文化运动的谋划者和领头人，他在中国文化思想领域所做的努力，无须赘述。国内对胡适思想的研究经历了从"论胡"到"批胡"再到"研胡"的曲折历程。受历史因素影响，我们对胡适的客观研究在改革开放后才正式起步。自20世纪70年代末期，40多年的时间里，我国学者研究胡适的论文、文章已超过2 000篇，出版的具有学术价值的专书早已超过百种。然而，与胡适研究整体井喷的局势相反，具体到"胡适的育人思想"的研究却鲜有问津，甚至可以说是一个认知盲点。笔者查阅改革开放以来有关胡适育人思想的专门研究，发现成果寥寥无几，且这些研究主要侧重于某一角度或层面，缺乏一种统摄全局的探究。若从育人这一角度审视胡适，可以用"熟悉的陌生人"来形容，"熟悉"是因为胡适整体研究的欣欣之态，"陌生"则在于我们对胡适育人思想这一课题的全然未知。若要挖掘胡适育人思想的现代价值，我们首先要实现的便是从"陌生"走向"熟悉"，正因如此，笔者选择这一论题，意旨在尝试为通向"熟悉"的工程做一些基础性工作。

基于历史资源与现实问题的需要，笔者开始了胡适育人思想研究的尝试，试图在梳理与总结近代学人育人思想成果与当前学校教育实践的基础上，对胡适育人思想的理解有所创新。

第二节　胡适育人思想的研究与评析

胡适育人思想的国内外研究现状可从胡适思想研究、胡适育人思想研究主要论题及其贡献与深化三个方面展开论述。

一、胡适思想研究概况

胡适育人思想的研究源于胡适思想研究。胡适育人思想研究的进展离不开对整体胡适思想研究的把握，全面、历史地梳理胡适思想研究进展，有助于勾勒胡适国民性思想研究的历史脉络。通过查阅文献资料，笔者将胡适思想研究历程划分为以下三个阶段。

（一）"论胡"：初步兴起期

对胡适的研究可追溯到新文化运动时期。1916年10月，陈独秀称胡适的文学革命主张"为今日中国文界之雷音",这可以看作胡适研究之滥觞。1918年1月,钱玄同为胡适《尝试集》作序,此序可视作胡适研究的第一篇正式评论文字。1919年2月,《中国哲学史大纲》出版,蔡元培为其撰写的卷首序文可以说是评论胡适学术事业的最早论文。蔡元培评价《中国哲学史大纲》有"四种特长",并赞扬了胡适中西兼治的治学功底。1920年和1922年,缪凤林、梁启超也相继发表评《中国哲学史大纲》的文章,有肯定,也有批判。

关于胡适的生平传记的研究,最先是1933年6月上海亚东图书馆出版的胡适自传《四十自述》,叙述了胡适的家世、童年至赴美留学前的一段生活。1938年,安·厄尔曼(Ann Eurmam)作《胡适小传》(手抄稿),展示了胡适生平、哲学思想,以及他在新文化运动中的贡献等内容。胡不归所著的《胡适之传》,成书于1941年,可视作第一本正式胡适传记。

(二)"批胡":曲折发展期

解放战争后,大陆对胡适的研究随之停顿,同时对胡适的政治批判逐渐增多。批判内容涵盖胡适哲学、史学、文学等诸多方面,几乎都是政治上的彻底批判和一概否定。从此,胡适成了一个"反动人物",并逐渐被人们遗忘。

此时台湾的情形却复杂得多:一方面,国民党针对胡适的自由主义和民主宪政思想,发起了一次又一次"围剿"运动;另一方面,在围剿的同时,依然有一些关于胡适研究著文出版,少量研究得以保留。

概言之,这一时期,胡适思想研究在曲折中缓慢发展。

(三)"研胡":学者拥趸期

胡适研究的重新展开,是在胡适去世的60年后。正如耿云志教授在"纪念胡适先生诞辰120周年国际学术研讨会"上呈现的数据所示:"自20世纪70年代末期以来,30多年的时间里,我国学者研究胡适的论文、文章已超过2 000篇，出版的具有学术价值的专书早已超过百种。"①另外一组数据也显示：2003—2008年是有关胡适作品出版热潮，2007年达到12部；以胡适为对象的博士论文，最多的一年共有4部。2000年以来以胡适为对象的硕士论文总计228篇，数量整体增加，最多一年达到22篇。

关于胡适研究的材料非常多，要全部把握，非有深厚学力不可。但是，笔者不敢稍有懈怠，竭力搜寻，将有关胡适研究成果初作整理。限于篇幅，本书不将有关胡适的生平资料、论文集、专著、传记和硕博学位论文研究一一列出。

在关于胡适研究的材料中，有关胡适的硕博学位论文研究值得我们重点关注。据统计，从1990—2023年，以胡适为主要研究对象的博士学位论文有47篇。在这47篇博士学位论文中，笔者将其划分为文学、哲学、政治、思想、文化教育、伦理、综合七大类别。其中，文学类别的最多，达到15篇；思想类的10篇；文化教育类的7篇；哲学类的6篇；政治类的4篇；伦理类2篇；对胡适进行人物事迹综合研究的3篇。47篇博士论文体现了三个特点：①较多地采用人物比较研究方法，如胡适与蔡元培、胡适与鲁迅、胡适与梁启超等。此类研究的优势在于可以比较认识人物思想的异同。②将胡适置于群体之内展开研究，如以黎锦熙、胡适、叶圣陶为中心的民国时期语文教育观念研究。此类研究便于理解人物在关系之中的发展变化及人物的相互关系。③伦理类甚少。

国外也已出版了不少关于胡适的学术论著和论文。美籍华裔学者李佑宁在1990年创办了"胡适研究国际学会"，出版了《胡适研究会丛书》，并陆续推出《胡适与他的论敌》《胡适与他的朋友》《胡适与他的学生》《胡适与他的家族》等论文集。其中，《胡适研究会丛书》对胡适的研究几乎全面铺开，是一套角度新、方法新的胡适研究丛书。此外，还有翻译

---

① 耿云志，宋广波. 纪念胡适先生诞辰120周年国际学术研讨会专辑［C］. 北京：社会科学文献出版社，2012：3.

出版的几位美国学者的著作：一是贾祖麟的《胡适与中国的文艺复兴——中国革命的自由主义》和《胡适之评传》，其中《胡适与中国的文艺复兴——中国革命的自由主义》集中研究胡适思想及胡适对现代世界思想所作出的贡献；二是周明之的《胡适与中国现代知识分子的选择》，其侧重于解释胡适在时代环境下的矛盾心理，解释他在困惑中的心态；三是美籍学者唐德刚的《胡适口述自传》和《胡适杂忆》。不同的视角、不同的思维方式，给中国的学者有益启迪。

从总体上看，改革开放后，国内胡适思想研究如雨后春笋，涌现了耿云志、朱文华、欧阳哲生、沈卫威、胡明、沈寂等一大批研究学人。与此同时，海外学者对胡适的研究也渐入佳境，推出了多部有分量的研究著作。

二、胡适育人思想研究的主要论题

通过查阅1949年以来所有涉及胡适育人思想研究的文献，发现期刊论文3篇，即袁洪亮的《论新文化运动时期胡适的国民性改造思想》（《现代哲学》2010年第6期）、《新文化运动后期国民性改造路向的论争——以胡适为中心》（《社会科学战线》2015年第6期）和卢惠的《新文化运动时期胡适的国民性改造思想》（《科教文汇》2008年11月上旬刊）；硕博士论文0篇，文献稀缺为本书的撰写增添了不少难度。但有关胡适育人思想方面的论述零星散落在与胡适相关的著作、论文及相关研究者著文中，有数本著作和数十篇文章涉及胡适育人思想的相关内容。主要内容有下述方面。

（一）胡适育人思想产生的原因

第一，民族危机。耿云志认为，20世纪初，中国社会动荡，身逢乱世的胡适深为国家民族的未来担忧，对国家的忧患必然深化为对国民的忧患。①张向东通过考察胡适早年在《竞业旬报》发表的有关国民性文章，揭示了其早年育人的目的就是改良社会，挽救亡国危局。②的确，自鸦片战争以来，强邻四逼，外侮日深，无论近代引进或产生何种思潮或思想，持续紧张的民族危机是这些思想或思潮产生的一个基本时代背景。民族危机是育人思潮兴起与发展的最深层次原因，它促使知识分子由力主物质层面的现代化而逐渐摸索到国民性改造的"救命稻草"，推动着国民性改造思想在目标模式、改革内容、方式、主体与对象等方面的不断深入。③

第二，中西文化影响。胡适幼年于家乡绩溪接受九年传统教育，接着六年的上海求学其使初步接触到了西方文化，七年的留美更使其眼界大开。可以说，胡适深受中西文化的浸润，二者皆是其育人思想的重要渊源。

我国传统文化对胡适的影响是显而易见的。其一，无神论。罗志田认为，胡适在家乡绩溪接受了九年传统教育，这一时期"打下的那点国学或非国学的基础对胡适后来有非常人可及的自信起了重要的作用"。④胡适的无神论思想基本从这九年传统教育奠定。王鉴平、杨国荣具体指出，胡适少年时期对传统文化的阅读和思考，尤其少年养成的无神论信仰，是后来胡适接受实验主义哲学、改造国民性思想的源泉。⑤余英时先生进一步分析了胡适九年传统教育的范围和影响，认为虽然胡适在家乡接受的是儒家思想教育，所读之书不外乎"四书""五经"，但儒家对天、地、鬼、神等存而不论，不予以过深的追究，"人"的分量重了，"天"的分量则

---

① 耿云志. 胡适研究论稿 [M]. 成都：四川人民出版社，1985：45.

② 张向东. 胡适早年的"国民性"批判思想——以《竞业旬报》为中心的考察 [J]. 现代中文学刊，2011（6）：30-36.

③ 陈高原. 论近代中国改造国民性的社会思潮 [J]. 近代史研究，1992（1）：1-22.

④ 罗志田. 再造文明的尝试：胡适传（1891—1929）[M]. 北京：中华书局，2006：41.

⑤ 王鉴平，杨国荣. 胡适与中西文化 [M]. 成都：四川人民出版社，1990：5.

相对减轻了；加之儒家思想中不论、不信鬼神的传统，诸如"不语怪力乱神""未知生，焉知死，未能事人，焉能事鬼"等，这些都对其无神论思想的形成产生了极大影响。①其二，"天下为己任"传统。父亲胡传的"以天下为己任"的精神对胡适影响很大，胡适称其父是"东亚第一个民主国的第一个牺牲者"②。张金林认为诸如"立功、立德、立言""先天下之忧而忧，后天下之乐而乐""为天地立心，为生民立命，为往圣继绝学，为万世开太平"等思想都对胡适产生了深刻的影响。③可见，在胡传期待胡适"作圣"和我国传统文化中"以天下为己任"思想的影响之下，胡适比较"好名"，潜移默化中将"天下"视为"己任"。

西方文化对胡适的影响也非常显著。其一，进化论。严复所译《天演论》中所宣扬的进化论，由达尔文提出后，很快应用到社会文化领域，"不仅在当时产生了巨大的影响，而且还影响了几代人"④。可以说，五四时期我国思想界始终为进化论所主宰。胡适在《胡适留学日记》中记载：达尔文的进化论使自己认识到生物进化是一种很复杂的现象，"无论是自然的演变，或是人为的选择，都由于一点一滴的变异"⑤。这便为他在育人时强调循序渐进、反对激进改造奠定了理论基础。其二，存疑主义。赫胥黎的"存疑主义"对胡适影响极大，"拿证据来"成为其治学的圭臬。诚如王鉴平、杨国荣所言：胡适充分发扬"存疑主义"精神，对我国传统文化和传统道德进行了大规模的批判，"重新审视自己的信仰，审视传统的道德、传统的价值"，进而对我国国民的素质问题进行了全面而

---

① 余英时. 重寻胡适历程：胡适生平与思想再认识［M］. 桂林：广西师范大学出版社，2004.

② 胡适. 四十自述［M］. 北京：北京理工大学出版社，2016：17.

③ 张金林. 论新文化运动时期胡适的改造国民性思想［D］. 福州：福建师范大学，2010.

④ 张志建. 严复学术思想研究［M］. 北京：商务印书馆国际有限公司，1998：8.

⑤ 胡适. 胡适留学日记［M］. 长沙：岳麓书社，2000：74.

深入的剖析与批判。①其三，实验主义。胡适曾转学到杜威所在的哥伦比亚大学，师从杜威。胡适深受其影响，杜威遂成为对他有终身影响的学者之一。胡适将杜威的实验主义作为自己的治学方法，将实验主义融入我国传统文化之中，大力宣传与鼓吹，正因如此，胡适也被王鉴平、杨国荣称为实验主义在近代中国的"第一传人"②。

　　第三，时贤影响。早在戊戌变法时期，严复便意识到国民素质低下对社会发展的阻碍，提出了著名的"三民说"。戊戌变法失败后，梁启超扛起了"新民"的大旗，直至新文化运动，国民性改造、造新民逐渐成为全社会的潮流。学界在探讨胡适育人思想成因时，都提到了启蒙思想家的影响。耿云志在《胡适研究论稿》中不惜笔墨，用两节篇幅专题介绍了梁启超、陈独秀、蔡元培对胡适的启迪和与熏陶。还有许多学者也都谈及于此。其中，梁启超对胡适的影响最为重要，很多学者都认识到这一点，谈及时大都引用胡适《四十自述》中的话来论证之。胡适在《四十自述》中谈到梁启超的《新民说》对他的影响时说："《新民说》诸篇给我开辟了一个新世界，使我彻底相信中国之外还有很高等的民族，很高等的文化。"③可见当时梁启超新民思想对胡适影响之大。比较集中、系统地论述过这种影响的当数袁洪亮。他系统阐述了胡适从"新民"到"立人"的育人思路转换的逻辑，认为《新民说》在胡适的思想中打下了深刻的印记，受此影响，1906年胡适积极参与创办了具有启蒙性质的白话报刊《竞业旬刊》，以《竞业旬刊》为阵地，追随梁启超等"新民"思想家，积极鼓吹、宣传改造国民，由此奠定了胡适国民性改造思想的基础。④此外，严复、李大钊等人对胡适育人思想都产生过不同程度的影响，学者都有所

①　王鉴平，杨国荣. 胡适与中西文化［M］. 成都：四川人民出版社，1990：111-112.

②　王鉴平，杨国荣. 胡适与中西文化［M］. 成都：四川人民出版社，1990：50.

③　胡适. 四十自述［M］. 合肥：安徽教育出版社，2006：53-56.

④　袁洪亮. 论新文化运动时期胡适的国民性改造思想［J］. 现代哲学，2010（6）：38-43，48.

论及，如严复的"三民说"与胡适的通过教育改造国民的论断有渊源关系，李大钊的政治改造路径对胡适育人思想的转变有影响等。总体而言，相关研究缺乏单独论说，大多夹杂于其他思想之中论及。

（二）胡适育人内容研究

张向东以《竞业旬报》为中心，考察了胡适早年的国民素质或国民品性批判思想，认为胡适在《竞业旬报》上对国民恶劣品性的批判可概括为"贪生怕死；没有爱人心，没有恻隐心；见义不为"。[①]沈卫威在《传统与现代之间：寻找胡适》中指出，胡适的剧本《终身大事》、译介易卜生的《娜拉》（又名《玩偶之家》）及论文《贞操问题》，对伦理文化的批判深入到了形象化的国民灵魂层面，将批判矛头指向国民的集体意识。胡适笔下那些肮脏的"国粹"实际上是辫子、缠足、纳妾、嫖娼、节烈、抽鸦片、迷信鬼神、四世同堂、不负责任、差不多等。[②]这些所谓肮脏的"国粹"也即当时国民恶劣品性的体现。胡文生在《走进胡适——向西方学习》中单列一章阐述胡适的国民性批判思想，他认为胡适批判和改造的国民恶劣品性包括"名教崇拜""差不多先生"等特征。[③]袁洪亮则不同于其他研究者横向列举的方式，转以胡适整个人生展开研究，揭示了胡适在不同时期对国民恶劣品性的不同批判。他认为，胡适留美前由于缺乏足够的理论思维，在这一时期的育人内容主要体现为对恶劣品性的简单和直观描述与批判。如这一时期，胡适尝试从社会和习俗的角度揭示国人普遍存在的苟且、依赖等落后心理的表现及危害。相较于留美之前肤浅直观的认识，胡适留美归国后开始着手以美国现代资本主义文化标准来育人。围绕"树人"目标，胡适提出了"研究问题，输入学理"的改造思路。尤其

---

① 张向东. 胡适早年的"国民性"批判思想——以《竞业旬报》为中心的考察［J］. 现代中文学刊，2011（6）：30-36.

② 沈卫威. 传统与现代之间：寻找胡适［M］. 郑州：河南大学出版社，1994：149.

③ 胡文生. 向西方学习：走进胡适［M］. 北京：中国社会出版社，2004：48-59.

值得注意的是，这时的国民恶劣品性批判已由之前肤浅直接的一味批判逐渐转变为"破而求立"的全面对待思维。①批判的内容更多参考了西方对现代人素质的要求。从胡适育人思想演变的时间历程来考察其育人的具体内容，是该文的可贵之处，也揭示了胡适育人思想侧重点和主题思想在不同时期的变化与发展。

此外，关于胡适恶劣品性的描述主要散见于一些论文之中，概括为团圆观念、旁观性、时间观念差、喜空谈、迷信、奴隶性、懒惰、守旧②；缺乏爱国精神和尚武精神、缺乏独立人格和抗争意识、缺乏同情心和责任感等③。

（三）胡适育人目标研究

学人在对国民恶劣品性进行愤怒批判之后，必然会对理想国民抱有希望，并提出一定的改造目标模式。1910年留美前，胡适的育人思想基本是对新民派思想的简单模仿，"新民"是其改造的目标追求。1910—1917年间，胡适留美，接受了实验主义哲学，但仍坚持改造国民、拯救民族的思路。格里德在研究胡适日记后说："他此时的思想并未根本上背离他在上海学习期间形成的那种一般的思想倾向。"④学界关于胡适这一阶段的研究也有一些，但这种研究主要集中在对胡适和杜威教育哲学思想的比较方面，而非国民性改造方面。1918年后，随着"一战"结束和马克思主义思想的传入，关于我国育人路向的探讨愈发多样。自由主义者坚持"立人"的资产阶级国民目标，保守主义者希望以我国传统为本重塑传统人格，早

---

① 袁洪亮. 论新文化运动时期胡适的国民性改造思想［J］. 现代哲学，2010（6）：38-43，48.

② 张金林. 论新文化运动时期胡适的改造国民性思想［D］. 福州：福建师范大学，2010.

③ 年伟. 胡适国民性改造思想及其当代德育借鉴［D］. 深圳：深圳大学，2017.

④ 格里德. 胡适与中国的文艺复兴——中国革命中的自由主义（1917—1937）［M］. 南京：江苏人民出版社，1996：46.

期共产主义知识分子则希望通过激进革命塑造"无产阶级新人"。在多方博弈中，胡适的育人思想逐渐走向成熟、理性。学界关于胡适这一时期的研究大多集中在育人路向的比较上。现就胡适整体育人目标状况作一简要概述。

其一，建立自然主义人生观。很多学者在谈到胡适将科学人生观作为国民性改造目标这一点时，都会引用胡适在《科学与人生观》中所提的"十戒"来进行论证。大部分学者认为，胡适积极宣传科学的作用，倡导自然主义的人生观，旨在让人们认可科学的人生观，并将其作为人类人生观的最低限度的共识。这是胡适育人的目标之一。

其二，提出"健全的个人主义"。袁洪亮认为，"健全的个人主义"是胡适国民性改造的终极目标，胡适的"健全的个人主义"既包括个体的自由、权利，也包括个体对他人和社会的责任、担当。[①]卢慧进一步指出，"健全的个人主义"作为胡适国民性改造的目标，它不同于极端个人主义和利己主义，而是强调社会责任的个人主义。[②]

（四）胡适育人途径研究

学者们对胡适育人途径进行了零碎的探讨，概括起来主要包括以下三种途径：新式教育、文学革命、民主制度。

在教育改革方面，几乎所有学者都认为，胡适欲通过"新式教育"来启发民智、祛除国民恶劣品性，以实现国家富强和人民幸福的目标。袁洪亮对这一观点表达得颇为明确，他将胡适的救亡措施概括为"造不能亡之因"，并从个人与民族角度阐释了胡适"救国之道，端赖教育"的改良

---

① 袁洪亮. 论新文化运动时期胡适的国民性改造思想［J］. 现代哲学，2010（6）：38-43，48.

② 卢惠. 新文化运动时期胡适的国民性改造思想［J］. 科教文汇（上旬刊），2008（11）：210，213.

思路。①耿云志则主要从胡适零散的文章、演说和谈话中提取相关资料，十分具体地从教育救国论、教育的社会功用、教育独立思想、学制与教育宗旨、学生素养、家庭教育、高等教育等方面阐述了胡适育人思想的贡献与局限。②其他论及教育途径改造国民素质的文章没有超越上述主题和论域。

在文学革命方面，学者通过论述胡适创办白话报刊，提倡国语新文学，推崇白话诗、小说和戏剧等举措，肯定了胡适通过文学改造国民恶劣品性的思路。耿云志认为，《文学改良刍议》一文高标"八不主义"，提倡建设一种"有思想有感情"、反映今日中国的白话文学，以代替那种"模仿古人的""无病呻吟的""只讲排比对仗"的滥调古文。可以说，这些中国文学史上的大胆创新，极大地推动了思想解放运动，提高了民众文化素质，推动了国民改造。③

在民主制度方面，胡适将民治的制度视为训练良好公民的重要工具。目前，学者已认识到胡适所主张的民主制度改造思路。如摩罗在谈到"国民性批判的政治制度指向"时，肯定了胡适为把"国家整顿起来"、为"救国"、为救"衰病的民族"、为救"半死的文化"所做的努力和贡献，并指出胡适要"把这个国家整顿起来"，主要的方式不是文化，而是政治的。他还讲道：胡适"之所以要进行文化批评和国民性批判……其直接作用在于说服、动员国人'低头去学人家'。至于所学内容，最为重要的只能是'治人富国的组织与方法'，也就是社会政治制度"④。摩罗对胡适民主制度方面的剖析可以说是最为清晰、明了、直接的。

───────

①　袁洪亮．论新文化运动时期胡适的国民性改造思想［J］．现代哲学，2010（6）：38-43，48.

②　耿云志．胡适研究论稿［M］．北京：社会科学文献出版社，2007：133-147.

③　耿云志．胡适研究论稿［M］．北京：社会科学文献出版社，2007：28-46.

④　摩罗．国民性批判与近代思想史的逻辑关系［J］．鲁迅研究月刊，2009（9）：4-10，26.

（五）胡适与他人育人思想的比较研究

胡适与他人育人思想的比较研究主要有两种比较方式：一是胡适与其他学人育人思想的比较；二是以胡适为代表的新文化运动时期的育人思想与其他时期育人思想的比较。

一是胡适与严复、梁启超、梁漱溟、陈独秀等育人思想的比较。此处又可分两部分阐释。

第一，关于胡适与严复、梁启超育人思想的比较。目前学界对此认识比较统一，即认为胡适的育人思想是对严复、梁启超的继承与超越。其继承关系在胡适对国民恶劣品性产生原因的分析中已有阐述，此处不再赘述。

第二，胡适与梁漱溟、陈独秀育人思想的比较。三者的比较研究集中在新文化运动后期关于中国文化历史走向的论争上。袁洪亮具体阐释了胡适是如何批判梁漱溟育人思想的唯心主义实质及其基础上的文化三路向学说，具体分析了胡适如何批判早期共产主义知识分子转移"民众"改造对象，以及鼓吹群众运动的革命改造方式，深入探讨了三者在新文化运动后期育人路向上的不同。

二是以胡适为代表的新文化运动时期的育人思想与其他时期育人思想的比较。这方面研究的典型代表是汤奇学、陈宝云的《"救国"与"救人"——辛亥革命时期与新文化运动时期改造国民性思想之比较》一文。该文指出，辛亥革命时期和新文化运动时期的育人思想都以"救亡"和"启蒙"为主题，但两者在侧重点、具体内容、思想资料等方面存在较大差异，二者改造思路不同的根本原因在于时代的不同。[①]

---

① 汤奇学，陈宝云. "救国"与"救人"——辛亥革命时期与新文化运动时期改造国民性思想之比较［J］. 安徽大学学报，2003（4）：136-144.

三、胡适育人思想研究的贡献与不足

胡适作为对近代产生过重要影响的人物，有关他的研究层出不穷，涉及范围广泛，如实验主义思想、自由主义思想、伦理教育思想、家庭教育思想、高等教育思想、基础教育思想等方面。有关胡适育人思想的研究也较为悠久，但以"育人"为主题的独立研究不多，大多是与胡适的伦理道德等思想相结合而呈现。限于篇幅的限制，本书只能选取代表性文献及观点，摘取代表性学者的观点及思路，尽量揭示研究进展和成果。至此，笔者拟对已有研究进行整体评价，以凸显其贡献，揭示其不足，推进后续研究。

（一）现有研究的贡献

诸多学者对胡适育人思想的研究，逐渐还原了思想的原貌，增进了今人的理解，也发掘出其对当今社会的价值。若简要概括研究的贡献，大致可分为两方面：一方面，为育人问题的解决提供了一种历史资源和成熟经验。仅以现代视角观察依然存在的育人问题，很容易使人停留在直观认识，而无法深入洞察背后的内在机制，进而拘囿于一种表面之中。以往对胡适育人思想的研究，可为后人提供一种历史视域和源流追索，通过整体视角、历史思维来认识现实、关注问题，以此寻求可能的答案。另一方面，契合了"人的现代化"的研究需要。学者们借由对胡适育人思想的研究表明，民主自由精神的培育一直是人的现代化进程中的一个重要问题，自由、责任、民主为基础的社会价值仍是推进现代教育发展的基础价值理念。这为当代人的现代化教育提供了丰富的思想资源。

（二）现有研究的不足

回顾学界对胡适育人思想的研究，虽从哲学、文化学、伦理学、教育学、政治学等角度取得了零散的研究成果，但总体上仍存在许多不足及有待深化的方面。

第一，胡适育人思想的基础性研究尚未完善。所谓基础性研究，是指如易竹贤在"胡适与现代中国文化"、沈寂在"胡适的政论与近代中国"、吴二持在"胡适文化思想"、闻继宁在"胡适的哲学思想"等领域所进行的持续、系统、主题突出的研究，并获得如《胡适与现代中国文化》《胡适的政论与近代中国》《胡适文化思想论析》《胡适之的哲学》等基础性成果，为进一步深入研究奠定基础。但从已有研究来看，基础性研究不足，深入研究便难以继续。持续的研究是指对胡适育人思想进行持续完整而非阶段性的研究，即将胡适从绩溪时期的育人研究，到上海求学时期的育人研究，再到留美后的育人研究视为一个整体进行研究，而非只研究个别时期的育人思想，从而避免得出一些片面的结论。系统的研究是指将胡适育人思想视为一个完整系统，并且对每个子系统，如育人思想的背景、渊源、目标、内容、途径等方面进行全面而系统的探究。主题突出是指在整体、系统研究的基础上进行专题研究，而不是像以往那样仅从哲学、政治学、伦理学等角度附带进行探讨，从而使人们更全面、准确地理解胡适育人思想及其产生的时代背景，最终为我国人的现代化提供可资借鉴的资源。这方面的研究迫在眉睫。

第二，胡适育人思想的发展逻辑尚未关注。作为一个整体而持久的系统，胡适育人思想的发展经历了不同的演进阶段，这些阶段具有明显不同的特征及内在逻辑，然而学界对此研究甚少，更不用说对不同阶段育人思想及其内在逻辑的深入研究了。但历程研究对任何人物的思想研究来说都非常必要。只有对胡适育人思想的发展逻辑进行研究，才能从历史的角度系统把握胡适育人思想的发展脉络；才能理解胡适从一个传统文化论者转变为有神论者（留美期间曾信仰基督教），最终成为一个彻底的无神论者的心路历程；也才能理解胡适为什么从新文化运动后期开始坚持改良主义改造路向。

第三，制度与人的关系问题尚未阐明。制度与人的关系问题是指社会改造和个人改造关系的问题，换句话说，育人的目的是个人还是社会。制度与人的关系问题是近代国民性思潮中的一个重要课题，也是研究胡适育人思想无法回避的问题，因为这个问题不仅关系到育人目标的设定，也关涉育人理论、途径、具体方法等一系列过程，相应地，也会影响"人的现代化"研究的进展。在胡适育人思想研究中，需要研究胡适为何提出社会与个人相互改造的"双向决定论"，以及他是如何将二者统一作用于育人的。实际上，胡适从"（社会与个人）制度与国民关系"的角度分析了社会制度与国民的关系，揭示了不同制度对国民道德的塑造和影响。胡适承认国民素质是社会制度建设的基础和前提，但他更强调社会制度对人性的塑造作用，更重视制度在育人改造中的影响力。因此，从制度与人的关系视角来审视胡适育人思想，是我们需要迫切论述阐明的。

第四，胡适育人思想的历史地位有待重视。胡适育人思想的历史地位问题是一个无法回避的问题。据笔者对胡适育人思想研究成果的观察，学人对胡适育人思想的关注并不多。这一方面与胡适在文学等其他方面的巨大成功对育人思想的遮蔽有关，另一方面也与近代"中国人有国民劣根性"或"中国人有恶劣品性"这一命题的争论有关，部分学人认为这是一个伪命题，甚至有人根本不认可胡适育人思想的存在。但从胡适育人思想的全貌来看，它是与胡适的伦理道德思想、哲学思想、教育思想融为一体的系统，从这个意义上讲，胡适育人思想绝对有值得后人挖掘的精彩部分。胡适育人思想在近代育人思潮中应有其恰当的地位。

总体而言，国内关于胡适育人思想的系统研究几乎空白，尚未出现一本关于胡适育人思想研究的专著。本书旨在通过对胡适原著及国内外胡适育人思想相关研究进行精细阅读与系统梳理的基础上，明确胡适对育人本质的认识，探索胡适育人思想的背景和思想基础，并以历史发展的维度为切入点，探索胡适关于育人目的、内容及方式的论述，从而形成全面而历史的认识。最后，本书将从胡适育人思想发展的历史和现实出发，对其贡献与局限进行分析与揭示，并对胡适育人思想所引发的现实启示，即"社会主义公民教育"，进行挖掘和阐述。

第一章　胡适育人思想的演进与形成

胡适（1891—1962），原名胡嗣穈，字适之，安徽绩溪人，我国20世纪著名思想家、文学家和哲学家，也是新文化运动的领导者之一。胡适的育人思想对后世的道德教育和国民素质建设产生了重要影响。胡适能在哲学、文学和教育领域取得斐然成就，离不开对我国优秀传统文化的承袭和对西方文明的吸纳。鉴于此，我们有必要对胡适生平进行梳理与分析，同时从中国和西方两个方面探寻胡适育人思想产生的根源。

第一节　胡适生平

胡适除学者身份外，还担任过校长、驻美大使、研究院院长等职务。纵观胡适的学术生涯可分为两个时期：前期主要从事哲学、文学研究；后期则主要从事教育和社会事务工作。其前后期的分界点为抗日战争的爆发。在深入分析胡适育人思想产生的背景及中西思想溯源之前，我们必要对胡适的生平进行简要介绍，尤其要突出其受教育经历及人生的其他重要节点。

一、绩溪时光（1891—1903）："我的恩师就是我的慈母""我是我父亲的儿子"

胡适出生于1891年12月17日上海大东门外的一个普通家庭。因胡适的父亲来自安徽，按我国习俗，胡适也被认为是安徽人。胡适的父亲叫胡传，是清末的一位小官吏；胡适的母亲叫冯顺弟，是名农家女子。冯顺弟是胡适的第三任妻子，1889年结婚，1893年随胡传到我国台湾，1895年离开台湾回到故乡安徽绩溪，同年7月胡传病逝，冯顺弟二十三岁开始守寡。胡传初娶的冯氏，在同治二年（1863）死于太平天国之乱；次娶的曹氏，生三儿三女，死于光绪四年（1878）。胡传去世时，胡适年仅四岁，而且体弱多病，他能在这样一个复杂家庭中健康长大，并在学术研究上取得如此众多成果，与其母精心地照顾和培育密切相关。

回到绩溪后，三岁的胡适就开始接受传统私塾教育。在九年的传统文化教育过程中，胡适读了《小学》《孝经》《诗经》等经典。除了传统经典，胡适还接触到了传统通俗小说，他曾回忆那一时期读过的小说有《水浒传》《三国演义》《红楼梦》《七剑十三侠》等30多部。这些书籍不仅为其奠定了文学哲学的知识基础，也成为其育人思想的重要思想渊源。在这九年，胡适的母亲为让私塾先生多讲点文化知识，每年都要给其一些额外学费，胡适学识之广博也得益于母亲对他教育方面的投入和培育。此外，在做人处世方面，母亲也对胡适影响甚巨。胡适曾在《四十自述》中讲："九年的生活，除了读书看书之外，究竟给了我一点做人的训练。在这一点上，我的恩师就是我的慈母。"[①]

胡传虽走得早，但对胡适的影响没有因此消失。胡适所读第一本书就是胡传编写的四言韵文《学为人诗》。胡适曾讲父亲对自己的影响很大，

---

① 胡适. 四十自述［M］. 北京：北京理工大学出版社，2016：30.

如其所言：终其一生"我是我父亲的儿子"①。

二、上海求学（1904—1909）："受到了梁先生无穷的恩惠"

1904年，胡适随其三哥前往上海求学，开启了"人生的第二个阶段落"②。

在上海求学期间，胡适先后辗转于梅溪学堂、澄衷学堂、中国公学和中国新公学四所学堂。梅溪学堂由胡适父亲的朋友张焕纶先生创办，开设国文、算学和英文三门课程。在此学习期间，胡适研读了《蒙学读本》《华英初阶》和《笔算数学》，初步积累了些许自然科学知识。第二个学堂是澄衷学堂，由富商成忠先生所办。该学堂的学科设置除国文、英文、算数外，还增添了物理、化学、博物、图画等科目。在这里，胡适阅读了《天演论》《新民说》《中国学术思想变迁大势》，开始正式接触西方文化。1906年，胡适进入中国公学，该校教员多为师友，基本上"没有职员和学生的界限"③。学校实行民主政治制度，将全校组织分为"执行"和"评议"两部，执行部成员由评议部选出，对评议部负责，评议部拥有选举、监督及弹劾职员的权力。在中国公学学习期间，胡适参加了学校"竞业学会"创办的白话旬刊《竞业旬报》，并担任该刊的重要撰稿人。他用适之、铁儿等笔名发表了《真如岛》《无鬼丛话》《论毁除神佛》《爱国》《中国人之大耻》《独立》《说我》等破除迷信、倡导爱国及培育独立人格的文章。后来，中国公学因内部建制和人员变动等问题引发了一场大风潮，带头的教员和同学另创新校，定名为"中国新公学"。

---

①　胡适. 四十自述［M］. 北京：北京理工大学出版社，2016：37.

②　胡适. 四十自述［M］. 北京：北京理工大学出版社，2016：47.

③　胡适. 四十自述［M］. 北京：北京理工大学出版社，2016：64.

这一时期，对胡适影响最大的人当数严复和梁启超。胡适在澄衷学堂时首次阅读了严复译本《天演论》，其"物竞天择，适者生存"的思想给胡适带来了极大的震撼，他将自己的名字改为"胡适"也源于此。胡适自称在少年时期深受梁启超"无穷的恩惠"：一是《新民说》；二是《中国学术思想变迁之大势》。其中，影响最大的当数《新民说》，胡适说："《新民说》诸篇给我开辟了一个新世界，使我彻底相信中国之外还有很高等的民族，很高等的文化。"[①]可见当时梁启超的新民思想对胡适的影响之大。而《中国学术思想变迁之大势》也让他知道了"'四书''五经'之外，中国还有学术思想"[②]。可以说，这一时期在上海的所见、所闻、所学对早年胡适的人生观、价值观和文化观的形成产生了重要影响，胡适之成为胡适也真正始于这一时期。

三、留学他国（1910—1916）："杜威教授是对我有终身影响的学者之一"

1910年，胡适考取庚款留学资格，9月考入美国康奈尔大学农学院，这是胡适第一次远离祖国与家人，只身赴国外求学。进入康奈尔大学后，胡适开始融入国际性的学习和生活。在入学后的一年多时间里，胡适学习了生物学、植物学、果树学等科目。胡适多年后解释当时为何选择农学：初到美国时，他的梦想是"种树和种菜"，因为他觉得这种具有科学色彩的学科比人文学科更具价值，更有益于实际需要和祖国建设。至1912年春，胡适才转入文理学院，学习哲学。对此，胡适给出三点原因：一是对农学实在毫无兴趣；二是辛亥革命引发了其对中国革命和共和政府的研究

---

① 胡适. 四十自述［M］. 合肥：安徽教育出版社，2006：53-56.
② 胡适. 四十自述［M］. 合肥：安徽教育出版社，2006：57.

兴趣；三是源于对文学的兴趣。①1915年9月，胡适转入哥伦比亚大学，专攻中国哲学。

留美期间，对胡适产生重大影响的当数杜威及其实验主义。胡适曾言："杜威教授是对我有终身影响的学者之一。"②杜威教胡适"如何思想"，要"处处顾到当前的问题"，要"把一切学说理想都看作待证的假设"。杜威的实证思维也极大地影响了胡适的治学思维与方法。胡适治中国思想与历史的各种著作，很大程度上受杜威的影响。通过运用实证思维的治学方法，留美期间，胡适陆续发表了《诗三百篇言字解》《尔汝篇》和《吾我篇》等"校勘""训诂"之文。而且胡适能从对基督教的沉迷中解脱出来，获得独立批判思考的能力，并走上文学革命的道路，也有实证思维的巨大功劳。

四、留美归国初期（1917—1925）："开风气的学者"

1917年夏归国后，胡适加入《新青年》编辑部，自此声名大噪。在胡适日记中，1917—1925年自成一段，这一时期是胡适在中国思想学术界大放异彩的时期。这一时期，胡适研究了文学革命、教育问题、小说问题、科玄论战等诸多方面，产出了《中国哲学史大纲》《尝试集》《章实斋先生年谱》《胡适文存（第一集）》《胡适文存（第二集）》等著作，发表了《文学改良刍议》《多研究些问题，少谈些主义》《杜威先生与中国》《我们的政治主张》等重要演讲文章。这一时期，胡适也参与了一些学术性的社会事务，包括创办、参与期刊《新青年》《每周评论》《努力周刊》《现代评论》及担任北京大学（以下简称"北大"）教务长兼代理文科学长。

---

① 胡适. 我的歧路［M］. 沈阳：万卷出版公司，2014：86.
② 胡适. 胡适口述自传［M］. 桂林：广西师范大学出版社，2005：97.

新文化运动时期，是胡适育人思想的真正形成时期。留美归国后，胡适向国人引进并介绍了易卜生的"个人主义"，并在此基础上，提出了"健全的个人主义"：第一，须使"个人有自由意志"；第二，须使"个人担干系，负责任"。①

如何建构"健全人格"？在新文化运动精英看来，人的改造和文化的改造是二而一的工程。国民劣根性是传统文化糟粕在国民身上的反映，对国民劣根性的批判就是对传统文化的批判，因此，若要改造国民劣根性，就必须批判腐朽、专制、落后的旧文化。如何改造旧文化？胡适在《新思潮的意义》一文中给出了答案，即"研究问题，输入学理，整理国故，再造文明"十六字。这十六字基本代表了胡适文化改造的思路和方法：一为"研究问题"，要讨论并说明研究问题的种种益处，把精力放在研究问题上，而把学理看作参考材料；二为"输入学理"，介绍西方的新思想、新学术；三为"整理国故"，强调以科学的方法整理和考证国故，对抗当时流行的未经理性审视的"保存国粹"运动；四为"再造文明"，可以说，胡适一生学术研究的终极目标就是要再造中国文明。

五、奋斗岁月（1926—1948）："北大文学院长""驻美大使""北大校长"

1926年7月，胡适离开北京，前往欧洲，后又到了美国。1927年5月，他从美国回到上海，并在上海定居三年。1930年11月，胡适重回北京。

1927年5月17日，胡适归国。在日记中，他写道："此三年半之中，我的生活自成一个片断，不算是草草过去的。"②胡适为何这样表述呢？

---

① 胡适. 读书与做人［M］. 广州：广东旅游出版社，2014：135-148.

② 余英时. 重寻胡适历程：胡适生平与思想再认识［M］. 桂林：广西师范大学出版社，2004：19.

我们可以从这一时期他的学术和政治两个方面来理解这句话。在学术上，他在《淮南王书》的序中评价：这三年是"我一生最闲暇的时期，也是我最努力写作的时期"，"在那时期里，我写了约莫有一万字的稿子。其中有二十一万字的《白话文学史》卷上；有十几万字的中国佛教史研究，包括我校印的《神会和尚遗集》和我用新材料特写的两万五千字的《菏泽大师神会传》"。①

1931—1937年，胡适重回北大，担任文学院长。1931年9月18日，日军攻占沈阳，震惊中外的九一八事变爆发。1933年3月，日军攻占热河。1937年之前的几年，日军在东北和华北的势力逐步扩大，整个中国都笼罩在日军侵华的阴影之下。我们用"战乱阴影下的北大文学院长"来概括1931—1937年这一时期胡适的基本情况，这也表明了这七年对于北大或胡适而言是极为沉重和艰难的时期。

重返北大后，胡适开始为北大改革筹集资金、招揽人才。胡适此次北返，主要是为了改革北大，继续开展治学研究工作。但日本侵略日益加剧，大量社会性任务纷至沓来，迫使胡适不能自囿于学术园地，而不得不涉足政治、外交性事务。1932年，胡适邀蒋廷黻、丁文江、傅斯年、翁文灏共同创办《独立评论》。这一时期，胡适的学术成果较以往有所减少，唯一有点影响的就是1934年的《说儒》。但社会性工作的增多也为胡适后来出任驻美大使奠定了一定基础，他后来也回忆总结："我1937—1938出任外交大使，确有了点准备——五年编辑《独立评论》，三次参加I.P.R.（太平洋学会）会议，都是好训练。"②

1938—1942年，胡适任中华民国驻美大使。1942年9月卸任，后旅居美国四年。从使美、卸任到旅居美国前后共九年，涵盖了整个抗日战争时

---

①　余英时. 重寻胡适历程：胡适生平与思想再认识［M］. 桂林：广西师范大学出版社，2004：20.

②　余英时. 重寻胡适历程：胡适生平与思想再认识［M］. 桂林：广西师范大学出版社，2004：35.

期。从胡适的整个人生历程来看，这一时期也是一个特殊阶段。

1946年7月，胡适归国，出任北大校长。胡适此次回北大，与1931年北返一样，立志要将北大办好，振兴我国的高等教育。旅居多年的胡适，目睹了美国现代科学的发展，尤其是物理学的巨大进步所带来的重大社会影响。因此，这次"复兴北大"的计划已不仅局限于一所大学，而是要充实研究资源，振兴我国的高等教育，为国家学术的长远发展奠定基础。1947年9月，胡适提出的"争取学术独立的十年计划"便是有力证据。胡适主张在十年内，集国家财力资源，打造五所最好的大学，而后逐渐扩充到其他大学。但由于当时政局动荡，物价飞涨，稳定的生活秩序都难以保证，谈何未来的计划，这也使得这位"不可救药的乐观主义者"陷入了"悲观"的情绪，但学术独立是胡适毕生的追求，也是他一生的践行。

六、落日余晖（1949—1962）："坚持为自由而战的老斗士"

1949—1962年是胡适人生的最后阶段，可分为两个时期：1949年—1957，胡适留居美国，为第一阶段；1958年就任"中研院"院长，后定居台北，直至去世，为第二阶段。

1949—1957年旅居美国的九年间，胡适所写所言都围绕"自由中国"四字。1958年4月，胡适回到台北就任"中研院"院长，以求自由学统能在我国台湾延续。胡适虽已步入暮年，却仍散发着余晖。1961年2月，胡适被诊断出患有冠状动脉粥样硬化性心脏病，身体日渐衰弱。1962年2月24日，胡适在举行酒会时，心脏病猝发，病逝于台北南港区，享年七十一岁。

胡适逝世后，来自全国及世界各地的人们参加了他的葬礼。蒋介石亲书挽联："新文化旧道德的楷模，旧伦理新思想的师表。"在胡适的墓碑上，镌刻着著名学者毛子水所撰写的墓志铭："这个为学术和文化的进步，为思想和言论的自由，为民族的尊荣，为人类的幸福而苦心焦思，敝精劳神以致身死的人，现在在这里安息了。""为学术和文化的进步"和"为思想和言论的自由"，这二者可谓对胡适一生念兹在兹之物的精准概括。

第二节　背景：从民族危机到文化自觉

辛亥革命失败后，胡适、陈独秀等一代知识分子将改造中国社会的触角伸到了更深层次——从物质经济、社会制度领域深入思想、文化、国民素质领域。胡适等新一代精英的这一推进蕴含着深刻的历史情境和社会原因。

一、20世纪初的文化反思思潮

中华民族自古以来就有反求诸己的优良传统。自1840年鸦片战争失败后，持续百年的民族危机成为中国社会革命与反思思潮不断兴起的根本原因。以此为背景的中国近代史也是一部不断反省改革的历史，这一历史具有两个特征：第一，面对强邻四逼、外侮日深的危机局势，每一代先贤都努力探寻抵御外侮、救亡图存的道路和方法。先贤所提出的解决方案从打造坚船利炮、增强经济军事实力，到革新政治社会制度与组织模式等，不一而足。第二，面对屡次改良、革命的失败，每代先贤的经验和教训都启示下一代时代精英转换视角，从新的基点出发，重振信心，探寻超越前人的方案。从龚自珍、林则徐、魏源等先进地主阶级，到曾国藩、李鸿章、张之洞等洋务派，再到康有为、梁启超、谭嗣同等改良派，孙中山、宋教仁等革命派，再到胡适、陈独秀、李大钊等五四精英，这条社会革新之路的脉络清晰可见。

辛亥革命后，胡适、陈独秀、鲁迅等人以道德革命和文学革命为口号，全面、猛烈、直接地抨击了传统文化道德，新文化运动在中华大地上蓬勃兴起。这是中国数千年历史上第一次如此彻底、猛烈地否定传统道德，追求全面西化的文化运动，直至其后近百年仍对我国的社会思想影响甚巨，是其他任何运动都无法比拟的。但新文化运动并非中国历史上第一次提出用"西学"（西方文化）反对"中学"（中国传统文化），也不是中西方文化冲突的首次，洋务派与保守派的中西文化之争、严复对比中西文化后大力提倡的"开民智、鼓民力、兴民德"、康有为戊戌变法失败后为推动政治现代化转而对西方资产阶级思想文化的热情宣传、梁启超"新民"的提倡等，都具有思想文化上的启蒙意义。新文化运动与它们有诸多相似之处，那么，为何新文化运动引发的文化批判会产生如此重大的历史影响呢？

量变为质。相较于洋务派、改良派和资产阶级革命派，辛亥革命后的知识分子很少关注经济、社会制度等问题，而将改造的着力点转向思想、文化、国民素质方面。陈独秀说："孔教之精华曰礼教，为吾国伦理政治之根本。其存废为吾国早当解决之问题，应在国体宪政问题解决之先。今日讨论及此，已觉甚晚。"胡适也讲道："在民国六年，大家办《新青年》的时候，本有一个理想，就是二十年不谈政治，二十年离开政治，而从教育思想文化等，非政治的因子上建设政治基础。"对文化问题的思考可以说是五四精英社会改造路径的共同指向，他们对传统文化批判的深度与广度是康有为、梁启超、谭嗣同所不可比拟的。回溯那段历史，我们不得不承认五四精英所提出的思想文化革新路径是在前辈们的经验成果基础上的历史抉择，是由量变到质变的必然，而非妄想妄为。

第一批先进知识分子，如龚自珍、魏源、曾国藩、李鸿章等，以经济改造为切入点，大力推进经济军事建设，但甲午战败，救亡失败；康有为、梁启超、谭嗣同等以政治制度改造为切入点，伸张民权、革新制度，但戊戌变法持续百日便以戊戌六君子被杀告终，救亡再次失败；资产阶级革命派终结了两千多年帝制，建立了中华民国，但革命的果实被顽固势力窃取，依然未能改变旧中国的面貌。经历了器物之变、制度之变，五四精英试图探寻从根本上解决问题的方案，不同于以往对上层社会的发力（无论是洋务派、改良派对皇上、统治群体的游说，还是革命派对资产阶级上层社会的呼吁，均需获得上层社会的认同、支持方能自上而下展开），他们将批判的矛头指向了普通民众。文化是政治的基础，若要改造这五千年的文化，必须抓住承载文化的广大民众群体，而要批判这腐朽、专制、落后的旧文化，必先批判普通民众身上的文化习性，即所谓国民劣根性。国民的恶劣品性得到了改造，国人得到了文明的培育，文化之光才能重新复明，中国一切黑暗、罪恶、腐朽、堕落自然便会消歇，这就是新文化运动、近代育人思潮的历史原貌，二者是二而一的工程。可以说，国人身上的劣根性是传统文化糟粕在国民身上的体现，对国人劣根性的批判就是对传统文化的批判。

当然，我们将胡适育人思想的形成置于20世纪初辛亥革命这一伟大历史背景，一是由于胡适留美后发表的有关育人的文章是其育人思想的主要部分，这段时期基本与辛亥革命及其后时段吻合；二是虽然庚子国难，尤其是日俄战争对当时已居上海接受新式教育的胡适产生了极大影响，且这一时期他已在《竞业旬报》等报刊上发表文章开始论及育人问题，但由于理论深度不足，其批判、描述也显得简单与直观①，不代表胡适成熟的育人思想。因此，依据思想成熟度而论，辛亥革命后是胡适更成熟思想产生的主要时代背景。

---

① 袁洪亮. 论新文化运动时期胡适的国民性改造思想［J］. 现代哲学，2010（6）：38-43，48.

二、先驱者的思想渗透

1904年，十三岁的胡适前往上海求学。作为中国舆论风潮的上海，中西文化在此汇聚交融，对胡适的冲击和影响很大。庚子国难、日俄战争后，国内国民性改造思潮及相关的育人思想风起云涌，胡适对风潮中严复、梁启超格外关注。这一时期胡适育人思想处于启蒙阶段，我们可以清晰地看到其受新民派先驱者的影响颇深。

严复最早对中西方文明的异同进行了比较分析：中国最重三纲，而西人首倡平等；中国亲亲，而西人尚贤；中国以孝治天下，而西人以公治天下。[①]梁启超则将育人称为造"新民"："然则苟有新民，何患无新制度，无新政府，无新国家？"[②]要"新民"，首先要知道中国人出了什么问题？找到问题才能提出改造方案。梁启超先是在《中国积弱溯源论》中总结中国人的六大特征：奴性、愚昧、为我、好伪、怯懦、无动。[③]随后，梁启超在《新民说》中大篇幅比较了中西方国民的差异，如论公德、论国家思想、论权利思想等。那么，如何造"新民"？梁启超认为途径有二：一是"淬历其本有而新之"，二是"采补其所本无而新之"。所要"淬历"的是固有国民道德中的糟粕一面，而所要"采补"的是中国国民所缺的一面。

严复和梁启超这代知识分子对育人问题的分析在当时具有强大的号召力和感染力。20世纪初，正值梁启超创办的《新民丛报》风靡全国之时，其先进思想对当时十三岁的胡适而言，可谓震撼。通过对清末重要白话报刊媒体的检视，我们发现清末民初众多知识分子都发表过育人的相关言论，并且与严复、梁启超等先驱者的倡导一脉相承，其中也包括胡适。正

① 王栻. 严复集：第一册［M］. 北京：中华书局，1986：3.
② 梁启超. 饮冰室文集：第1集［M］. 昆明：云南人民出版社，2001：548.
③ 梁启超. 饮冰室文集：第2集［M］. 昆明：云南人民出版社，2001：673–679.

如胡适在《四十自述》中所言：少年时受到了梁启超无穷的恩惠，而其中影响最大的当数《新民说》，觉得正是它把自己"震醒出来，它们开了给我，也就好像开了给几千几百别的人一样，对于世界整个的新眼界"[①]。

　　胡适在上海求学期间曾在《竞业旬报》上（胡适曾于1906年10月—1909年2月担任其撰稿人），用自胜生、希疆、适之、铁儿、铁、适等笔名发表过社论、新闻报道、学术论文、小说，其中很多是对国民文化陋习的批判，号召国民革除旧习，争做现代公民。若总结胡适早年对国人素质问题的批判，大致可概括为缺乏国家观念和尚武精神、麻木、冷漠、缺乏同情心、迷信、缺乏竞争意识和进取精神、奴性、缺乏独立人格等。可见，19世纪末20世纪初，早期的胡适育人思想与前辈们的启发密切相关。

三、留美后认识深化

　　1910年，胡适留学康奈尔大学，1914年转至哥伦比亚大学，专攻哲学。在此期间，胡适学习了杜威的实验主义，将其作为自身治学的主要方法，实验主义也成为胡适毕生治学的指导思想。

　　胡适在留美期间所作《绮色佳城公民议会旁听记》《我国之"家族的个人主义"》《记本校毕业式》《波士顿游记》《国家主义与世界主义》《纽约旅行记》，以及归国之际所写的《归国记》《归国杂感》8篇文章中，初步比较分析了中西方的社会文化、道德伦理及国民精神风貌。在《我国之"家族的个人主义"》这篇日记中，胡适批判了我国的家族制，认为中国父母、亲子、兄弟、家族相依的裙带关系会助长国民的依赖性、奴性，容易造成"一人得道、鸡犬升天"，其实质是家族的个人主义，胡适痛斥其为"亡国之根"；同时，他赞扬了西方人的独立人格和自由精神，称其为"独立人格之个人主义"。这一时期，他开始从狭隘的国家主

---

　　①　曹伯言. 胡适自传［M］. 合肥：黄山书社，1986：89.

义超脱，逐渐形成一种世界的国家主义（万国之上犹有人类在），这也是其文化道德"充分世界化"的一个缩影。在《归国杂感》中，胡适描述了归国时所见中国社会之"停滞不前"的状态，批判了无新思想、时间观念差、课程脱离实际、教学不实用等社会问题。

1917年夏，胡适归国，1918年加入《新青年》编辑部，陆续发表了《贞操问题》《女子问题》《我对于丧礼的改革》《时间不值钱》《差不多先生传》《麻将》等文章，展开了对国民劣根性的大批判。在这些著文中，胡适痛斥国人迷信守旧、轻视女性、浪费时间、奴性依赖等心理和行为，揭示了国人的劣根性。如《贞操问题》谈论了寡妇再嫁、烈妇殉夫、贞女烈女等问题；《时间不值钱》讨论了寡妇再嫁、国人打牌、逛街、遛鸟等浪费时间的行为；《麻将》批判了中华民族好闲爱荡、不爱惜光阴的现象。从胡适育人思想发展的整体历程来看，留美经历深化了他对国民性问题的认识，是其育人思想发展的又一重要背景。

综上所述，20世纪初的社会现实，激发了胡适以思想文化的视角重新探寻中国社会现代化的路径和方法。从留美开始，胡适陆续在《新青年》《星期评论》《努力周报》等期刊报纸上发表了多篇批判国民素质的文章，探究了产生原因，分析了改造的路径，试图在此基础上构建具有现代意义的崭新国民形象，掀起了继严复、梁启超育人思潮后的第二次高潮。

第三节 溯源：从中国传统到西方文化

胡适育人思想的形成与发展，不仅源于民族危机，也是中西方文化交融的结果。胡适的求学经历使其思想兼具中学和西学：一方面，他幼年接受了我国传统无神论、作圣思想、怀疑精神等传统文化的滋养；另一方面，他也受到了西方的进化论、社会有机体论及美国实验主义思想的启蒙，其育人思想的形成和发展既有隐性的暗合，也有显性的自觉。

一、隐性的暗合：传统文化的影响

（一）无神论

胡适幼年在家乡接受了九年的传统教育，其无神论思想便是在这九年中形成并发展起来的，其来源主要有两个方面：其一，父亲胡传；其二，儒家非宗教思想。

第一，父亲胡传的影响。胡传一生"未曾受过近世自然科学的洗礼，但他深受程颐朱熹一系的理学影响"，笃信程朱理学，对大清帝国内当时流行的宗教予以严肃的怀疑和批判，甚至在家门口贴上"僧道无缘"四字，以绝扰烦。其理学思想虽然不是彻底的唯物论，但承袭了古代朴素自然主义的宇宙观。

胡适父亲临死前给胡适母亲留下遗嘱："穈儿（胡适原名为胡嗣穈）天资颇聪明，应该令他读书。"[①]得益于父亲死前嘱托，他得以在复杂的家庭环境中继续求学。据《四十自述》记载，胡适父亲编写的《学为人诗》和《原学》是胡适最早接触的书籍。《学为人诗》讲述为人之道，强调"穷理致知，反躬践实，黾勉于学，守道勿失"，体现了程朱理学格物穷理的治学精神。《原学》则具有朴素唯物论的意味，如"天地氤氲，百物化生"。这些讲求万物始源的文字虽显晦涩，但蕴含的自然主义世界观犹如一棵幼苗扎根在了胡适幼小的心灵中。胡适虽四岁丧父，但父亲的影响并未消失，他曾说父亲带给自己的影响："一方面的遗传，因为我是我父亲的儿子，另一方面是他留下了一点程朱理学的遗风。"[②]

第二，儒家非宗教思想的熏陶。胡适不到三岁便进入正式的私塾学习，接受传统教育的训练。与同龄儿童相比，他的阅读量更大、阅读层次

---

① 胡适. 四十自述 [M]. 北京：北京理工大学出版社，2016：19.

② 胡适. 四十自述 [M]. 北京：北京理工大学出版社，2016：37.

更深，包括《孝经》《诗经》《易经》《书经》等经典。他的母亲望其念书心切，胡适"才满三岁零几个月"，便让他在"四叔父介如先生的学堂里读书了"。胡适母亲为了让胡适读好书，每年额外送教书先生六块钱，拜托教书先生多"讲书"，多解释课文的真实意义。儒家思想虽常涉及宗教，但往往将其视为一种世俗事务来对待。孔子平常"不语怪力乱神"，即使面对学生好奇追问，也只回一句"未知生，焉知死"，只是告诫众人应"敬鬼神而远之"，即要心怀敬畏，但不予过多讨论和深究。儒家学说中的这些非鬼神思想无疑对幼年的胡适产生了影响。

胡适从一名朴素无神论者转变为坚定的彻底无神论者，整个过程经历了两次重要的反叛：一是对佛教的反叛，二是对基督教的反叛。

首先是对佛教的反叛。胡适是"在一种偶像崇拜的环境中长大的"，虽然父亲不信鬼神，但家中女眷大多吃斋念佛，他也耳濡目染地接触了一些《玉历钞传》《妙庄王经》之类的佛教经典，以致"脑子里装满了地狱的残酷景象"[1]。但是，这种宗教信仰在胡适十一二岁时便已被摧毁破坏。[2]第一次质疑是胡适在温习朱子的《小学》时："有一天，我正在温习朱子的《小学》，念到了一段司马温公的家训，其中有论地狱的话，说：'行既朽灭，神亦飘散，虽有锉烧舂磨，亦无所施。'……我重读了这几句话，忽然高兴得直跳起来。《目连救母》《玉历钞传》等书里的地狱惨状，都呈现在我眼前，但我觉着都不怕了。"[3]第二次质疑是胡适在读《资治通鉴》看到范缜反佛的话——"形者神之质，神者形之用也。神之于形，犹利于刀。未闻刀没而利存，岂容形亡而神在哉"[4]，以及范缜和竟陵王萧子良对"因果"的辩论时，这次彻底将胡适脑子里的鬼马蛇神都赶跑了，他开始走上了无神论的道路。十三岁时，胡适被母亲叫去拜祖

① 胡适. 四十自述［M］. 北京：北京理工大学出版社，2016：37.
② 胡适. 四十自述［M］. 北京：北京理工大学出版社，2016：39.
③ 胡适. 四十自述［M］. 北京：北京理工大学出版社，2016：39.
④ 胡适. 四十自述［M］. 北京：北京理工大学出版社，2016：39.

烧香，他却故意毁坏神像以验证无神的事实，表达自己不信鬼神的信念，自此，胡适反对佛教的信念从未动摇。

其后是对基督教的反叛。1910年，留学康奈尔大学期间，胡适开始接触西方思想文化，其中自然包括基督教。1911年，他和朋友频繁参加宗教活动。6月13日，在宾夕法尼亚的孛卡诺松林（Pocono Pines），胡适成为一名基督徒。他曾在日记中写下这段文字——"六月十八日，第五日：讨论会，题为祖先崇拜……会终有七人起立自愿为耶稣信徒，其一人即我也。"从孛卡诺松林回到康奈尔大学后很长一段时间，胡适沉迷于基督教的众多活动。从1911年6月—1912年12月，他多次参加圣经课和基督徒团契，阅读了《圣经》《天路历程》《重生人》等宗教作品。但富有怀疑精神且善于反思批评的胡适不可能轻易就被一种学说或宗教征服，很快他对基督教的热情就降温了，开始了对基督教义的质疑。对基督教的第一次质疑发生在1912年10月。胡适在陪同中国学生时遇到一位卫理公会教长，他对中国留学生讲道："其言荒谬迷惑，大似我国村妪说地狱事。"[①]1914年9月，他前往波士顿参加耶教医术派宗教仪式，指出其"为耶氏各派中之最近迷信者"，揭露其信条、教义与道教迷信活动并无二致。1915年3月，他进一步揭露："基督教国家公开否认权威，只承认暴力……他们无视弱国的权利和声明……他们把国家、商业利益及领土扩张置于公正和正义的命令之上。"[②]此后，胡适多次发表对基督教的质疑言论，最终基督教神也在他的脑海中消失了。

可见，胡适最终能成为一名彻底的无神论者，与父亲的理学遗风和儒家思想密切相关，而且在这一过程中经历了对佛教和基督教的两次重大反叛。在这种思想文化的交锋冲突以及价值观念的千锤百炼中，胡适从佛教

---

① 周明之. 胡适与中国现代知识分子的选择［M］. 雷颐，译. 桂林：广西师范大学出版社，2005：46.

② 周明之. 胡适与中国现代知识分子的选择［M］. 雷颐，译. 桂林：广西师范大学出版社，2005：46.

信徒、基督信徒，最终成为一位反佛非耶的无神论者，成为自我理性精神的主宰。

（二）"作圣"思想

中国传统士大夫受儒家思想影响，都怀有修齐治平的人生宏愿。胡适父亲——胡传也不例外，他心怀"以天下为己任"的抱负，关心边疆形势，奔走呼号，为百姓谋利，是晚清政坛中罕有的治事人才。

胡传（1841—1895），字铁花，号钝夫，生于安徽省绩溪县上庄。他天资聪颖，十六岁时由先祖延聘塾师，授以诗文，后被伯父星五公发掘，从家中群辈中选出，参加科举。1850—1862年，受太平军数度侵掠，徽州焚掠迨遍，胡传与亲友避难于高山，据险自卫；1862年，迁往休宁县暂避难；1865年，进学为秀才，后为战火所误，几次"省试"均失败；1868—1871年，入上海龙门书院学习；1881年，前往吴大澂驻地宁古塔，巡行阅边；1882年，与吴同晤俄方专员，勘定中俄边界，同年被吴氏聘任为幕僚，参与机要；1881—1886年，在东北服务六年；1887年，前往广州投奔已调任广东巡抚的吴大澂，考察海南岛；1887年，转至广州，被派考察海南岛，报告土著状况，开发筹划；1888年，黄河在郑州一带决口，吴调任河道总督；1892年，调台湾任职；1893年，代理台东直隶州知州；甲午战争时，率兵抗战，奋力救台，后因疟疾离职返国；1895年8月18日离台，8月22日病故于厦门。胡传一生为民奔波的士大夫形象及其踏实做事的实干精神，对胡适产生了深远影响，后被胡适誉为"东亚第一个民主国的第一个牺牲者"[①]。

胡适虽四岁丧父，但父亲的言传教诲并未因父亲的离开而消逝。在胡适的自述中，有很多胡传的身影：一是胡传自己编写的四言韵文《学为人诗》；二是胡适母亲长年累月口头上对胡传形象的固化。虽然没有直接地

---

① 胡适. 四十自述［M］. 北京：北京理工大学出版社，2016：17.

言传身教，但通过文字和母亲的强化，父亲对胡适的影响依然深远。胡适所念的第一本书《学为人诗》主要讲述为人处世、求学问道的人生经验和准则："为人之道，在率其性……以学为人，以期作圣。"父亲"作圣"的人生信条在胡适心中埋下了一颗种子，"作圣"也潜移默化地影响了胡适的人生轨迹。

胡适母亲对胡适管教很严，"她是慈母兼任严父"[①]，总是夸赞父亲："你总是要踏上你老子的脚步。我一生只晓得这一个完全的人，你要学他，不要跌他的股（跌股即丢脸、出丑）。"胡适幼时体弱多病，母亲便不许他像其他孩子那样乱跑乱跳、四处闲玩，每天天未亮就叫胡适起床、披衣坐起，反思前天哪里做错事，哪里说错话，要其认错，并教导他认真读书。所犯事大，则在当晚夜深人静时关门责罚。所以，若胡适做错事，只需母亲一望，便被吓住了。[②]因此，无论干什么，去哪里，胡适"总是文绉绉的"，学着像个"先生的样子"，家乡老辈也将他称为"糜先生"。有次，胡适和一群小孩一起玩掷铜钱游戏，被路过的老辈嘲笑，胡适便羞得面红耳赤，深觉丢了"先生"的身份。母亲鼓励胡适读书写字，要向父亲学习，乡人们也喜欢他装先生的样子，童年的胡适对父亲的崇拜及对"作圣"的希冀，在母亲和乡人的影响下不断得到强化。

此外，故乡和族人对胡适的影响也颇深。故乡徽州一带涌现出了许多名人，如朱熹（1130—1200）、江永（1681—1762）、凌廷堪（1757—1762）、胡培翚（1782—1849）、戴震（1724—1777），人们深受儒学熏陶，人情风貌颇具古风。从胡适后来的人生发展轨迹可以看出，家乡的文化环境的确对其产生了很大影响。

此外，绩溪胡氏有着深厚的家学渊源，有11世纪《苕溪渔隐丛话》的作者胡仔、十八九世纪清乾嘉之际的学者胡培翚及抵挡倭寇的名将胡宗宪

---

① 胡适. 四十自述［M］. 北京：北京理工大学出版社，2016：30.

② 胡适. 四十自述［M］. 北京：北京理工大学出版社，2016：31.

等历史名流。①虽然与胡适家并非同宗，但对胡适的影响不言而喻。胡适的伯祖胡星五在家族中颇具声望，在族人中也起到了一定的向学求学的带头作用。

在中国"修齐治平"传统文化及父亲胡传"为人作圣"的影响下，胡适年幼时喜欢"装作先生的样子"，其后一生也"好名"，可谓是十分"爱惜羽翼"。随着胡适的不断成长，面对祖国山河日下、危之局势，传统基因里"以天下为己任"的思想在胡适胸中愈发奔腾翻滚。他在康奈尔大学由农学转文学的做法，也颇有当年鲁迅弃医从文的味道。留美归国之际面对祖国国势，胡适曾深深感叹："不可不周知博览，以为他日为国人导师之预备。"②1917年归国后，胡适激扬文字、抨击党争、著书演说、奔走斡旋，驰骋中国学界数十载，直至工作中猝然离世，真正成为国人的导师，实现了一代圣贤的人生理想。

（三）怀疑精神

胡适学贯中西，一生著作等身，得益于独特的研究方法：实验主义、进化论、清代"汉学"。他将这三者巧妙地结合起来作为学术追求的方法，其中一以贯之的便是科学的怀疑精神，这也是胡适治学研究的一大法宝。他曾多次强调要"大胆地假设、小心地求证"，要"言必有证"，一生坚持独立思考、理性批判。这一方面受西方思想影响，尤其是杜威的实验主义；另一方面受中国文化"怀疑和辨伪"传统的影响。

胡适在上海求学期间，西学成分增多，但中学依然没有中断。留美期间，他也密切关注着国内时事动态，与国内学人交往频繁，还写出了许多批判我国传统文化的文章，诸如《诗三百篇言字解》《尔汝篇》等。归国后，他的视野投射到文学、哲学、史学等多领域，成就颇丰，留下了

---

① 胡适. 胡适口述自传［M］. 桂林：广西师范大学出版社，2005：17.

② 胡适. 胡适留学日记［M］. 长沙：岳麓书社，2000：471.

《中国哲学史大纲》《尝试集》等著作。胡适一生都浸润在中国传统文化中，可以说，他自身辨伪求真的治学态度也是优秀传统文化熏陶的结果。那么，是哪些优秀文化对其怀疑精神产生了影响呢？一是朱熹；二是清代"汉学"。

"我想比较妥当点的说法，是我从考证学方面着手逐渐地学会了校勘学与训诂学……我另一个灵感的来源，也可以说是出于我早期对宋学中朱注的认识和训练。朱熹的宋学为我后来治汉学开拓了道路。"①宋代巨儒朱熹也是徽州人，虽与胡适相隔近千年，但这位宋儒的影响并未褪色。朱熹之后，徽州又涌现出了诸多知名学者，如江永、凌廷堪、胡培翚、戴震等。胡适父亲一生笃信"程朱理学"，胡适最初对鬼神的质疑也是源于读朱子的《小学》。朱熹作为一代鸿儒，一生致力于经典文献的辨伪考证，涉猎百家，勘正经典兼顾古文经和今文经。作为其治学核心的怀疑精神可谓起到了关键作用。他曾多次论及怀疑精神对读书治学的重要性，如"读书无疑者，须教有疑；有疑者，却要无疑，到这里方是长进"②等。朱熹的这种怀疑精神，对胡适质疑佛教和基督教、接受实验主义及进行汉学考证工作，都起到了至关重要的作用。

清代"汉学"也对胡适的怀疑精神产生了影响。清人入主中原后，开始反思明朝失败的原因，众多知识分子无不将明亡的历史责任推到了阳明一派学人的"空言误国"之上，于是他们开始激烈地批判理学的空疏误国，转而倡导一种"求实""求真"的学风。着重经典名著辨伪考订的考据学（又称"朴学"或"汉学"）兴起，并于乾嘉时期臻于巅峰。辨伪考订的对象也从儒家经典延伸至百家学说，学界逐渐形成疑古辨伪的思潮，这一时期考证的学术成果被后人称为"乾嘉汉学"。胡适青少年时期诵读了大量的古代哲学，他也被梁启超赞为绩溪诸胡（"绩溪三胡"即胡匡

① 胡适. 胡适口述自传［M］. 桂林：广西师范大学出版社，2005：125-126.
② 黎靖德. 朱子语类：第一册［M］. 北京：中华书局，1986：186.

衷、胡培翚、胡承珙）之后，清代考据学派的"殿军"。胡适将清代"汉学"概括为"大胆的假设和小心的求证"两个方面。留美后，通过学习杜威的实验主义，胡适进一步完善了自身的治学方法。从胡适治学的整个历程来看，清代"汉学"在胡适治学生涯中起到了重要作用和影响。

总而言之，中国传统文化中的辨伪传统，尤其是朱熹和清代考据学中的怀疑精神，对胡适产生了重大影响，也推动了其育人思想的发展。

二、显性的自觉：西方文化的影响

（一）进化论

在达尔文之前，科学与宗教基本相安无事。科学的研究对象主要是物质，宗教的研究对象主要是精神。即便有科学家对神造论提出过质疑，也会被强大的宗教势力碾压和迫害。达尔文于1859年出版了《物种起源》，此书犹如一颗炸弹，震动了整个欧美学术界。该书认为，环境变化会引起生物变异，世上的生物只有适应环境才能得以延续，而无法适应环境的生物则会被淘汰直至灭绝。简言之，"物种起源于自然的选择，源于生存竞争中最适宜的种族的保存。"①

达尔文进化论产生后，迅速传播至社会领域，形成了社会达尔文主义。社会达尔文主义认为人类社会也如自然界，需通过彼此的竞争，最后的强者才能生存下来，而弱者则会被淘汰。1897年，严复在《国闻报》发表了《天演论》（该书是英国生物学家赫胥黎的《生物与伦理》译本）的部分章节，首次将该理论引入中国，此后，"物竞天择，适者生存"的思想传至我国整个学界。

胡适在上海澄衷学堂就读时，阅读了吴汝纶删节本的《天演论》，

---

① 胡适. 胡适说社会与文明［M］. 广州：广东旅游出版社，2014：205.

这是他第一次接触进化论思想。受进化论"物竞天择，适者生存"理念的影响，胡适将原名胡洪骍改为胡适，字适之。胡适认为"物类由来"这个概念可称作"革命的概念"，因为自古以来，人们都认为"类"是不变的，不变也就没有"由来"一说。他举"橡子"一例：一粒橡子，可以发芽生根，变成一棵小橡树，继而长成大橡树，虽然变化甚大，但"变来变去还只是一株橡树"，"橡子不会变成鸭脚树，也不会变成枇杷树"。①人们认为这个变与不变之间，有一条"规定的路线"和"前定的范围"，这个法定的范围，叫"哀多斯"（Eidos），也叫"斯比西斯"，中文译作"类"（Species）。②这个永恒不变的"类"成为欧洲几千年来的哲学基础。这样，那不变的永恒就成为人类的主宰，是宗教，是绝对精神，也是所谓天的神秘力量；而那变的、特殊的、具体的、个人的便不足为道，只是经验，称不上知识。16—19世纪，物理科学的发展创造了一个动的宇宙观，学界逐渐承认个体事实和具体经验的重要性，但"类不变"的观念依旧统治哲学界。当然，其间不乏科学家出来挑战"类不变"的观念，但都不曾打破这一理论的统治地位。

　　那么，达尔文的进化论是如何打破这一局面的？又产生了什么重要影响？达尔文不仅证明"类"是变的，还指出了变的证据和依据。其意义重大：其一，推翻了欧洲几千年的神造观念。虽然我们古代哲学已有朴素的唯物主义思想——老子的"天地不仁"、王充的自然论等，可能对达尔文的发现不足为怪，但对基督教统治近两千年的欧洲社会而言，这种言论是爆炸性的，况且该论断有充足的科学证据。其二，变化是渐进式的演变，并非一蹴而就，这也为后来胡适反对急切、彻底的国民性改造奠定了理论基础。"无论是自然的演变，或是人为的选择，都由于

---

① 胡适．胡适说社会与文明［M］．广州：广东旅游出版社，2014：205.
② 胡适．胡适说社会与文明［M］．广州：广东旅游出版社，2014：205.

一点一滴的变异。"①

达尔文的进化论基本奠定了胡适的哲学基础，成为其改造社会和国民素质的理论工具。他认为救国救民所需的不是什么哲学思想或主义理论，而是"求学论事观物经国之术……一曰归纳的理论。二曰历史的眼光。三曰进化的观念"。

（二）存疑主义

胡适倡导治学应具备怀疑精神，主张"大胆的假设、小心的求证"，"做学问要在不疑处有疑"。这种怀疑精神的中国传统渊源上文已述，在此我们探究另一西学源头，即赫胥黎的存疑主义。

胡适在谈及自身思想的来源时，讲到了易卜生、莫黎和赫胥黎三位人物。他说易卜生教给自己"健全的个人主义"，而赫胥黎则教给他治学的怀疑精神。

存疑主义（Agnosticism），又称"不知主义"，由赫胥黎创造，主张只有被充分证明的知识才能被人信仰，只要缺乏证据，只可存疑，不当信仰。"灵魂不朽之说，我并不否认，也不承认。我拿不出什么理由来信仰他，但是我也没有法子可以否认他……你若能给我同等的证据，我也可以相信灵魂不朽的话。"②赫胥黎不仅捍卫了达尔文的进化论，而且成为达尔文的作战先锋（胡适语）。显然，他们都是存疑论者，坚决不信任一切缺乏客观证据的事物。后来，面对宗教的抨击，赫胥黎不得不作文与其争辩，形成了《论存疑主义》《再论存疑主义》《存疑主义与基督教》《关于灵异事迹的证据的价值》4篇文章。其后发行的两本册子——《科学与希伯来传说》和《科学与基督教传说》也都是对基督教的批判。赫胥黎与宗教信徒之间的论辩对当时的思想界起到了摧陷廓清

---

① 胡适. 胡适文存：肆［M］. 北京：华文出版社，2013：465.

② 胡适. 胡适说社会与文明［M］. 广州：广东旅游出版社，2014：207.

的作用。

　　胡适在上海求学期间接触到了严复的《天演论》，严复的"存疑主义"思想可以说是赫胥黎在哲学方法上最重要的贡献。[①]可见，胡适对赫胥黎的"存疑主义"评价颇高。胡适在《演化论与存疑主义》中总结道："进化论产生后，演进的宇宙观和上帝创造的宇宙观起了一个大冲突，最终达尔文用三十年搜集的证据打倒了二千年的宗教传说。证据战胜了传说，也使得科学方法的精神大白于世界。"[②]所以，胡适对"存疑主义"非常赞同。他认为，存疑主义使得"19世纪前半的哲学实证主义（Positivism）就一变而为19世纪末年的实验主义（Pragmatism）了"[③]，进而引发了哲学思想和哲学范式的转化。

　　在肯定存疑精神的价值后，胡适大声疾呼要将这一无敌的科学武器拿来，作为人类思想解放和革命的工具。他以"拿证据来"为治学圭臬，对我国传统文化进行了彻底批判，并对我国国民素质进行了具体的改造。他不将传统道德、文化、政治等视为天经地义，而又将其视作研究问题的参考材料，试图通过输入学理、研究问题及整理国故的途径，最终再造文明，实现整个国家和中国人的现代化。

（三）实验主义

　　胡适曾言，对其思想产生重大影响的有两个人：一是赫胥黎；二是杜威。胡适进入康奈尔大学就读时，康奈尔大学正处"新唯心主义"的统治时期，杜威及其实验主义正面临批判，胡适走近杜威及实验主义也是源于当时的学术氛围。后来，胡适转至哥伦比亚大学学习哲学，杜威成为对他"有终身影响的学者之一"[④]。

---

① 胡适. 胡适说社会与文明［M］. 广州：广东旅游出版社，2014：206.
② 胡适. 胡适说社会与文明［M］. 广州：广东旅游出版社，2014：209.
③ 胡适. 胡适说社会与文明［M］. 广州：广东旅游出版社，2014：209.
④ 胡适. 胡适口述自传［M］. 桂林：广西师范大学出版社，2005：91.

胡适曾对实验主义的历史发展进行过梳理。实验主义，英文原名Pragmatism，由皮尔士（C.S.Peirce）提出，后被詹姆士（Willian James）应用于宗教经验。皮尔士不同意这种解释，为区别于詹姆士的Pragmatism，他将自己的主义改为Pragmaticism。后英国的失勒（F.C.S.Schiller）改用"人本主义"代替，将一种方法论层面的讨论泛化为涵盖真理论和实在论的范畴。杜威一派认为詹姆士和失勒的Pragmatism过于偏重个人意志，他们仍坚持在皮尔士的方法论层面进行讨论，因此，杜威一派自称为"工具主义"（Instrumentalism），又称"应用主义""器用主义"。通过历史梳理和对比，胡适最终选择用"实验主义"来概括杜威一派的哲学，认为"实验主义"既有"实际主义"注重效果的一面，更能突出这种哲学的精髓和特征——注重实验的方法。

杜威的实验主义受达尔文进化论影响，具有进化论的意蕴。具体而言，包含以下两个方面。

第一，实验的方法。实验方法可分为五步：①处于疑难的境地。②指定疑难之点。③假定解决疑难的方法。④尝试想象每种结果，比较并选定最优假设。⑤证实解决正确，使人信服；或证明不正确，使人不信服。①

实验是真理的唯一试金石，胡适举了很多例子说明实验的必要性。以"科学律例"为例，他讲到以前科学家认为科学律例是一种一成不变的天经地义，是永久不变的"真理"，随着其被人们验证的次数增多，被当作"真理"的可能性随之增大。但随着实践的发展，那些科学律例渐渐阻碍了科学的进步，人们才逐渐意识到所谓科学律例不过是目前最佳、最适用的假设，不过是解释现实世界最方便的假设。如古时有人问日落之后太阳到哪里？有人说，太阳不曾落下，是随着天旋转，由西边转到北边，因为太远，人看不见罢了，这是一种假设；后来有人说，地不是平坦的，

---

① 胡适. 哲学与理想［M］. 广州：广东旅游出版社，2014：148.

太阳绕到地下再绕出，并得出地心说的观点，这是第二种假设；后来，随着天文学的发展，哥白尼提出日心说，指出地球、月亮都是围绕太阳而运转，这是第三种假设。后来第三条假设又被凯柏勒（Keppler）、牛顿（Newton）不断证实。自此后，没有任何一种假设能够将"太阳落下去哪里"这一问题解释得更圆满、更科学。第三条假设遂成为科学律例。可见，所谓科学律例不过是一个个用以解释世界的假设，证实得不充分就是真的，证实不充分就是假的。不仅自然科学如此，社会科学也如此。总而言之，胡适认为"一切'真理'都是应用的假设。假设得真不真，全靠他能不能发生他所应该发生的效果。这就是科学实验的态度"。①

第二，历史的态度。胡适也称其为"祖孙的方法"，这一方法"从来不把一个制度或学说看作一个孤立的东西，总被他看作一个中断：一头是他所以发生的原因，一头是他自己发生的效果；上头有他的祖父，下头有他的子孙"。②胡适评价这种历史的方法既是"忠厚宽恕"的——因为每个问题都涉及"历史背景""历史地位和价值"，也是"严厉的""带有革命性质的"——因为总会以结果去衡量、评判其价值，具有很强的评判精神。这种"历史的态度"（The geneticmethod）就是要研究事物为何发生，如何演变。例如研究国民性，便要问国民性是什么，如何发生的，何以成为近代中国研究的思潮。显然，这种历史态度深受进化论影响，具有社会学上的进化意义。胡适还就达尔文《物种由来》中的"物种"进行了古今中外的历史分析，以"历史的态度"考察"物种"的演变，阐明要用历史态度分析问题才能接近事实。

以"物种演变"为例，达尔文之前，古今中外的哲学家都认为"物种"是自始不变的，即便"物种"在发展过程中出现形状、大小等变化，

---

① 胡适. 胡适文存：壹［M］. 北京：华文出版社，2013：204.
② 胡适. 哲学与理想［M］. 广州：广东旅游出版社，2014：145.

其"种"的类属也是不变的。正如荀子所言："古今一度，类不悖，虽久同理。"正因类属不变，古今同理，所以荀子主张"古今异情，其所以治乱者异道"的人都是"妄人"。亚里士多德的"哀多斯"也是在阐述物种不变的道理。因此，尽管世间万物个体生老病死，但作为"类"的普遍性真理是经久不衰的。在达尔文之后，人们知道了万物的种类是有"由来的"，是历经千百万年变化才形成的，并且今日的种类仍在不断变化。实验主义所讲的"历史的态度"，就是要面对每个问题境地，明确应对这种境地的方法，只要能应对这种境地，且这种方法是具体的、特别的、有凭据的，那它便是"真理"。杜威的这种"历史的态度"显然受到达尔文进化的影响。

胡适认为杜威是世界哲学史上伟大的哲学家，其哲学思想必将引领世界哲学到一个新的层次。他认为杜威哲学的最终目的就是使人类养成那种"创造的智慧"（Creative Intelligence），也就是"怎样能使人有创造的思想力"。[①]杜威将哲学从"哲学家的哲学"变为一种"人的哲学"。杜威于民国八年（1919年）五月一日到中国，在中国停留两年零两个月，演讲所到之处有山西、山东、江苏、江西等十一省。在杜威归国当日，胡适作《杜威先生与中国》，盛赞杜威对中国的影响："自从中国与西洋文化接触以来，没有一个外国学者在中国思想界的影响有杜威先生这样大。"胡适认为，杜威虽然没有给出一些"特别问题的特别主张"，诸如对共产主义、无政府主义的态度等，但他提供了"实验主义"的方法，让人们用这个方法"解决我们的特别问题"。[②]胡适将实验主义思想应用于文学革命与社会改造之中，也取得了颇具影响的成就，实验主义成为当时中国重要流派之一。

① 胡适. 胡适文存：壹［M］. 北京：华文出版社，2013：224.

② 胡适. 哲学与理想［M］. 广州：广东旅游出版社，2014：144-145.

第四节　胡适育人思想的形成过程

关于胡适育人思想或国民性改造思想的发展历程，学界观点可概括为两类：一是"继承向独创"的"转换论"，代表人物有张宏杰、袁洪亮、汤奇学、陈宝云等。张宏杰认为"胡适早年在国民性问题上也深受梁启超影响"，所以，胡适早年谈国民性"其语调与梁启超、鲁迅并无二致"，突出强调"新民"的重要性；然而，胡适很快意识到"国民性不再是民主政治的先决条件，相反，只有先建立民主政治的基本制度，才可能训练出合格的新国民"。①汤奇学和陈宝云认为胡适在辛亥革命前提倡培养"国民意识"，注重现代国民素质的养成；辛亥革命后，尤其是新文化运动期间，胡适"一反传统把个人利益放在了第一位"，更注重培养国民的"个人本位意识"。②二是"不分前后转换"的"内在一致论"。这类研究者没有探讨胡适育人思想的发展历程，仅抽出其主要代表性观点阐述其育人思想，隐含着一种"内在一致论"。所谓"一致"，是指胡适育人思想的哲学理论基础与终极目标没有变，只是实现目标的手段、方式略有不同。

一、上海求学（1904—1909）：胡适育人思想发轫时期

胡适在上海求学期间，正值庚子国难、日俄战争之际，国家经历了一次次战败，签订了种种丧权辱国的条约。国不成国，家不成家。1904年，胡适到上海后，很快被上海的政论风潮影响。1906年，他加入以"振兴教育，提倡民气，改良社会，主张自治"为宗旨的《竞业旬报》，展开了对时事政治、社会新闻及传统国民素质问题的评论与批判。此间，胡适发表

---

① 张宏杰. 中国国民性演变历程［M］. 长沙：湖南文艺出版社，2016：277-278.

② 汤奇学，陈宝云. "救国"与"救人"——辛亥革命时期与新文化运动时期改造国民性思想之比较［J］. 安徽大学学报，2003（4）：136-144.

《真如岛》《无鬼丛话》《论毁除神佛》《世界第一女杰贞德传》《爱国》《上海的中国人》《中国人之大耻》《独立》《说我》等破除迷信、倡导责任心与独立人格的文章。总体而言，这一时期胡适育人思想尚处于发轫时期。

（一）该期育人思想的基本内容

上海求学期间，胡适受梁启超"新民"思想的影响，主张通过提升国民素质，塑造新国民的途径以挽救国家，构成了这一时期胡适育人思想的基本格调。这一时期，胡适批判的矛头集中指向国民劣根性，并从社会习俗的角度批判国民落后的心理和行为特征，批判内容可概括为以下方面。

其一，缺乏爱国意识和尚武精神。自日俄战争爆发以来，国民对国家兴亡表现出漠不关心的状态，让当时的胡适痛心疾首。与当时众多仁人志士一样，胡适遵循梁启超提出的"淬厉其所本有而新之"，"采补其所本无而新之"的改造方式，不仅积极号召国人要弘扬中国传统文化中的爱国精神，还积极介绍"其所本无"的西洋尚武精神。胡适对英法百年大战中法国民族英雄贞德的爱国之心予以高度赞扬，"天天巴望我们中国快些多出几个贞德"[1]。

其二，缺乏同情心和责任感。《竞业旬报》作为当时社论前沿的报刊，也会报道一些自然灾害情况。目睹赈灾中的冷漠表现，知识分子批判国人缺乏同情心，呼吁树立对社会的责任意识和公民意识。胡适时刻关注全国自然灾情，在《上海的中国人》中，他及时报道全国各地的灾情状况，竭力呼吁全国同胞"竭力捐助些洋银，好去赈济赈济，救得一人便尽了一份责任"。

其三，迷信鬼神，缺乏竞争意识。胡适发表《真如岛》《无鬼丛话》

---

[1]　适之. 世界第一女杰贞德传［J］. 竞业旬报，1908（27）：5-17.

《论毁除神佛》《地理学》《说雨》等多篇破除迷信、普及科学的文章，内容涵盖社论、小说、科普等类。他对国人的各种陋习，诸如算命、合婚、早婚、近亲结婚等，逐一予以批判，因此，胡适也被称为"中国破除迷信运动的健将"。

其四，奴性十足，缺乏独立人格。胡适认为我国人的奴隶性是几千年封建经济政治制度所致，君视民为奴隶，民视君为主人，加之对天命、鬼神的迷信，使得国人无论是在权势面前，还是在自然环境和文化习俗面前，都只能表现为顺从和忍耐。长期的奴性思想自然无法产生独立人格和自由精神。胡适在《独立》一文中对国人缺乏的独立精神作了深入剖析，批判了国人"靠天"和"靠人"的两大毛病，这两大弊病便生生地把这独立病死了。

（二）该期育人思想的基本特点

第一，该期胡适育人思想缺乏系统性。体现有二：一是未能系统阐释国民素质问题或"国民劣根性"的完整内涵。胡适仅是从社会习俗视角，通过自身观察和体悟来揭示国民需要改造的内容，简要分析了产生的原因，描绘了理想新国民的形象，却模糊、笼统，缺乏深入分析和独立思考，大多仍停留在对梁启超育人内容的简单重复和模仿上。二是未深入探讨育人的具体途径。在这个时期，胡适所谈及的育人途径无非是一般的"教育"路径，对于其他重要途径——文学革命、制度建设尚未涉及。而且，对于"教育育人"的路径也仅是略有提及，既不全面，也不深入。

第二，该期存在对新民派育人思想的简单模仿和继承，尚未形成自身特色。正如贾祖麟所言："胡适年轻的时候对社会改革与思想启蒙事业的贡献，在其时其地并不显突出。"[①]

---

① 格里德. 胡适与中国的文艺复兴——中国革命中的自由主义年（1917—1937）［M］. 南京：江苏人民出版社，1996：34.

总体而言，上海求学时期的胡适继承了前人育人思想的成果，已然表达了育人思想方面的相关主张，在一定程度上揭示了国民的素质问题，并且推动了中国近代育人文化思潮。但这一时期胡适对国民素质问题产生的根本原因、具体育人途径，以及教育文学、制度建设与育人关系的研究尚不深入和具体，尤其是在育人具体操作上的论述可以说寥寥无几。

二、留学他国（1910—1916）：胡适育人思想初步形成时期

1910年，胡适考取庚款留学资格，前往美国留学。1910—1914年，在康奈尔大学学习农学和文学，1915年转至哥伦比亚大学学习哲学。胡适留学的那七年正值美国资本主义发展的迅猛时期，以市场经济为主导的现代工业文明奠定了美国个人本位的价值理念。长期的学习生活使胡适对美国实验主义哲学及社会道德有了深刻的体悟。在胡适看来，尊重个人价值、追求独立人格是塑造现代国民的首要任务。在这一时期，胡适初步形成了育人目标，并进一步阐述了"教育""制度"与"文学"的育人方式，倡导运用实验主义方法论，培育具有健全人格的现代人，最终使国民素质向现代社会要求的方向转变。

这一时期，有关胡适育人思想方面的著文包括《绮色佳城公民议会旁听记》《我国之"家族的个人主义"》《记本校毕业式》《波士顿游记》《国家主义与世界主义》《纽约旅行记》《逼上梁山——文学革命的开始》[①]等讲述留美期间所闻所思的文章；也包括胡适在美多年思考、归国后陆续发表的成果，具有代表性的有《实验主义》《文学改良刍议》《建设的文学革命论》《中国哲学史大纲》《新思潮的意义》等。这些著文论及育人目标、育人途径及背后的哲学理论问题等。总的来说，这一时期胡

---

① 此文成文于1933年，但主要讲述留美期间"文学革命"的肇始。

适育人思想初步形成。

（一）该期育人思想的基本内容

七年的留美生活使得胡适能够近距离接触和了解美国文化，并进一步系统研究育人的理想目标和具体途径。具体表现在以下几个方面。

第一，从育人目标方面来看，胡适批判了我国"家族的个人主义"，他崇尚西方个人本位的国民形象。在《我国之"家族的个人主义"》一文中，胡适首次反思了"吾国家族制度""远胜此邦个人主义"的认识，否定了"子妇有养亲之责，父母衰老，有所倚依"优于西方"对家庭不负养赡之责"的传统观念，直接指出了我国家族制"实亦有大害"，认为这种依赖性或奴性致使"一人成佛，一族飞升，一子成名，六亲聚瞰之"。① 这种相互依赖的家族制造成父母对子女人身的控制及子女对父母资产的依赖，甚至兄弟姐妹、三亲六戚的相依相靠，进而泛化为对权贵、习俗的卑躬屈膝和奴性依附，造成了国民的奴性人格特征。同时，胡适高度赞扬了西方人的独立思考、自由意志的精神，他举一老者为例："年五六十岁，犹自食其力，虽有子妇能赡养之，亦不欲受也，耻受养于人也。"父母尚且如此，更别说亲戚亲族。胡适赞美西方人的自立之心，并指出他们"并非寡恩者"，如若兄弟亲族有难，也会全力相助。胡适认为我国的家族制其实是一种"家族的个人主义"，这种家庭制度下的家庭看待社会，就像看待敌国一样，主张的"扬名后人、光裕祖先"本质上是自私自利的行为。这是胡适留美期间首次深入比较中西方文化，也是首次明确现代国民素质所应具备的价值观念。

第二，从育人内容方面来看，胡适对传统文化道德进行了批判。胡适对我国传统道德进行了批判，试图构建反映现代社会文明需要的文化道德观念。留美期间，胡适也对当时国内大量存在的"孝""早婚""多妻

---

① 胡适. 我的歧路［M］. 沈阳：万卷出版公司，2014：83-84.

妾""生儿防老"等观念进行了彻底的批判。

在《波士顿游记》一文中，胡适介绍了美国文人墨客、革命英雄的故事，赞扬了美国人为自由和权利而战的精神，倡导国人要学习西人为社会和公众服务的精神。据此，胡适提出两点：一是要"无后"。胡适批判了以嗣续为中坚的家族制度弊端，如"不孝有三，无后为大"六大流弊，即不以多妻为非、多早婚、生产无节、女子地位抑卑、生儿防老及依赖性。[①]胡适所讲的"无后"并非要人人不生育子女，而是想要"人人知后之不足重，而无后之不足忧"。他甚至拿培根《婚娶与独处论》中"盖妻子者，大事业之障碍也"的观点来号召人们将人生的最大事功致力于为社会公众服务，而非拘囿于家庭事务和儿女生养。可见，胡适对于传统文化糟粕是何等痛恨。二是要"遗产不传子孙"。一则因为"财产权起于劳力"。一个人能富裕是凭借自身劳力而获得的，其子孙没有付出劳力，也不能享受其财富。二则由于"富人之子孙无功而受巨产，非惟无益而又害之"。子孙无功而受益，对于他们只会有百害而无一益。

第三，从育人途径方面来看，初步形成"教育改造""制度建设"与"文学革命"相结合的改造路径。

教育育人路径。胡适认为一个人从价值认同，到形成稳定的文化心理，再外化为行为习惯需要漫长而复杂的过程。即使现代化经济基础和价值理念已具备，社会文化观念仍有巨大惯性，转化过程仍很漫长。胡适坚信现代人的塑造是我国走向世界的唯一途径，主要方法就是靠教育。留美期间，胡适就讲："但求归国后能以一张苦口，一支秃笔，从事于社会教育，以为百年树人之计，如是而已。"

制度育人路径。留美期间，胡适目睹了美国政治大选，积极参与了绮色佳城（美国纽约州东部的一个小城镇，康奈尔大学所在地）的政治集会，萌发了对政治的兴趣。胡适在《绮色佳城公民议会旁听记》中描述了

---

① 胡适. 我的歧路 [M]. 沈阳：万卷出版公司，2014：98–99.

公民议会在市民生活中发挥的作用，论述了民主政治制度建设对国家、社会、人民的重要意义。

文学革命路径。谈及20世纪国民性改造的知识分子，胡适可谓独树一帜，他并非如其他学者那般直面对象予以批判，而是将批判的视角转向"人的语言问题"和"人的文学问题"，试图在文化秩序中重构一种社会规范，进而启蒙民众，塑造现代国民。

"文学革命"主要在于革除旧文学之弊，试图构建一种以"人"为中心的文学。《逼上梁山——文学革命的开始》详细记录了留美期间胡适如何与学人针砭时弊，一步步走上新文学的道路。1915年夏，胡适与友人讨论的中心逐渐由"文字的教授问题"转向了"文学问题"。在讨论"文字问题"时，"汉文字是否可以被拼音代替"这一问题成为论争的一大焦点。胡适不否定用拼音代替汉字，但也表明"字母的文字不是容易实行的"[1]，他认为汉文问题的关键在于"汉文究可为传授教育之利器否"，汉字不容易普及的根本原因"不在汉文，而在教之之术之不完"[2]。这一时期，胡适还未想到白话文可以完全代替文言。1915年9月17日，在送别梅光迪所作长诗中，胡适首次使用"文学革命"一词，其后又提出"诗国革命"，"要须做诗如作文"的方案，最后提出要作白话诗文。长期讨论的成果形成了举世闻名的《文学改良刍议》，也拉开了文学革命的序幕。

胡适将"文学革命"归纳为十字，即"国语的文学，文学的国语"。"国语的文学"针对的是文学的语言问题，主张用白话文代替文言文，构建国语的文学；其后才是"文学的国语"，即用文学的语言解决社会语言问题。后者才是胡适的真正目的，也就是说，文学的国语必须通过国语的文学来构建。胡适试图通过新文学的白话，创造未来中国的标准国语，最终解放语言压迫下的一个个国民灵魂。胡适、陈独秀等人掀起的文学革命

---

[1]　胡适. 我的歧路 [M]. 沈阳：万卷出版公司，2014：103.

[2]　胡适. 我的歧路 [M]. 沈阳：万卷出版公司，2014：101.

对我国文化的现代化作出了重要贡献，不仅推动了中国文学的现代化转型，而且对国民思想道德建设产生了重大影响。文学革命主张用丰富、活泼、审美的语言代替那已死的文言，用文学的国语取代意识形态统治的官话，最终解放被压迫的个性精神。

（二）该期育人思想的基本特点

第一，该期胡适育人思想渐趋系统化，"国民素质问题"的内涵基本确定，国民劣根性的基本范畴得到讨论；同时，形成了以"个人为本"的理想新国民形象，对教育、文学革命、制度建设等育人路径都进行了全面的探索。

第二，文化上呈现出"程度上"的充分世界化倾向。这一时期，胡适认为中西文化各成体系，各有"体用"，"不认可古今中外的调和论"[①]。留美期间，他被西方文化吸引，在《绮色佳城公民议会旁听记》《我国之"家族的个人主义"》《波士顿游记》《国家主义与世界主义》《纽约旅行记》中列举了中西政治、伦理道德、人际关系等方面的差异。尽管胡适承认中国传统文化的价值性，但他批判中国文化的态度是显而易见的。在《新思潮的意义》一文中，他明确了对待旧学术思想（传统文化）的三种态度：反对盲从、反对调和、主张整理国故。[②]胡适主张"重新估定一切价值"，自然反对盲从。那么，为什么反对调和？胡适认为："人类社会有种守旧的惰性，少数人只管趋向极端的革新，大多数人至多只能跟你走半程路。"所以，"革新家的责任只是认定'是'的一个方向走去，不要回头讲调和。"[③]在民主与科学的大思潮背景下，胡适也指出对我国传统文化要批判继承，这足以证明胡适学术研究的科学精神和理性态度。此后他对中西文化的比较和分析，进一步印证了这一点。

①　胡适. 胡适说社会与文明［M］. 广州：广东旅游出版社，2014：87.

②　胡适. 胡适说社会与文明［M］. 广州：广东旅游出版社，2014：87.

③　胡适. 胡适说社会与文明［M］. 广州：广东旅游出版社，2014：87.

　　为揭示胡适对中西文化的真实态度，我们有必要将这方面的视角拉长，从其整体思想的发展来反观这一时期他的真正"文化观"。1929年，胡适发表《中国今日的文化冲突》，划分了国人的三种西方态度："抵抗""折衷""充分世界化"，胡适反对"抵抗"和"折衷"的态度，他"主张全盘西化，一心一意的走上世界化的路"。[①]"全盘西化"的口号受到不少批评和辩论，十几年后，胡适在《充分世界化和全盘西化》一文中详尽阐释了自己对中西文化的本意，他向世人解释：这个口号之所以备受指责"恐怕还是因为这个名词的确不免有一点语病"，"'全盘'含有百分之一百的意思，而百分之九十九还算不得'全盘'"，但"我自己的原意并不是这样"，"'全盘'的意义不过是'充分'而已，不应该拘泥作百分之百的数量的解释"，"'充分'作数量上即'尽量'的意思，在精神上即'用全力'的意思"。[②]胡适进一步指出，用"充分世界化"代替"全盘西方"主要是为了避免"琐碎的争论"，赢得"同情的赞助"，并且在他看来"数量上的严格'全盘西化'是不容易成立的"。[③]由此可见，实质上胡适对待西方文化的真实态度是"程度上"的"充分世界化"，而非"数量"上的"绝对西化"。

　　总体来看，留美期间胡适育人思想逐渐系统化，无论是对育人目标，还是对育人内容、育人路径的探讨都更为全面与深入，从而使其育人思想，特别是育人目标和路径，从前期的表面、零散逐步走向深入和系统化。

三、归国以后（1917—1962）：胡适育人思想深化时期

　　胡适于1917年归国，国内正值新文化运动中后期，各种主义层出不

---

①　胡适. 胡适说社会与文明［M］. 广州：广东旅游出版社，2014：189.

②　胡适. 胡适说社会与文明［M］. 广州：广东旅游出版社，2014：209.

③　胡适. 胡适说社会与文明［M］. 广州：广东旅游出版社，2014：190-191.

穷。国际上，"一战"爆发，西方文化"破产说"盛行。国内外环境的变化直接导致国内知识分子的分裂，部分知识分子开始怀疑西方文明的适用性，转而希冀从我国传统文化和俄国社会主义中寻找新的答案，因而国内知识分子在育人目标、育人方式等方面产生了巨大的分歧。这一时期，国内育人思想大致可分为三派：一是以梁漱溟为首的保守派，希望以我国传统文化为根基重塑国人人格；二是以李大钊、陈独秀为首的革命派，以新生的俄国社会主义为目标，试图通过革命方式来塑造崭新的无产阶级"新人"；三是以胡适为首的自由主义改良派，坚持"个人为本"的育人目标和改良主义的育人方式。在此期间，胡适在育人目标、育人方式及背后的思想哲学方面有了更深入的认识。他的坚持与当时主流革命思想扞格不入，因而遭受了质疑与抨击，他本人也被人称为"全盘西化论者"。

这一时期，有关胡适育人思想方面的主要著文如下：①论思想方法类的《演化论与存疑主义》《杜威先生与中国》《杜威论思想》《问题与主义》《新生活》《新思潮的意义》；②论人生观、宗教观类的《〈科学与人生观〉序》《不朽——我的宗教》《易卜生主义》；③论中西文化类的《我们对于西洋近代文明的态度》《漫游的感想》《请大家来照照镜子》。总的来说，这一时期胡适育人思想进入深化发展时期。

该期胡适育人思想的基本内容包括以下方面。

第一，从育人目标来看，胡适提出"健全的个人主义"。在处理个人与社会的关系上，胡适强调个体的重要性。在《不朽——我的宗教》一文中，胡适阐明了自己的宗教观、人生观，他认为社会是由无数"小我"组成的"大我"，"小我"是因，"大我"是果，"小我"的发展造就了"大我"的突破。在国之危亡，多数人坚持国家统一、集体利益至上的情况下，胡适却依然坚持"立人"的重要性，"最要紧的还是救出自己"，因为"多救出一个人，便是多备下一个再造新社会的分子"[①]。

---

① 胡适. 胡适全集：1卷［M］. 合肥：安徽教育出版社，2003：612.

这一时期，胡适对个人主义的认识更为深入，他辨析了"真假个人主义"，批判了"为我主义"和"独善的个人主义"（宗教家的极乐园、神仙生活、山林隐逸生活、近代新村生活）这两种假的个人主义，提出"健全的个人主义"，这一观念是挪威戏剧家易卜生的"真益纯粹的为我主义"的中国版。易卜生曾作比喻，若全世界如海上沉船，"最要紧的还是救出自己"，保证个人生命安危第一位。"健全的个人主义"包含个人的自由发展与个人的社会责任两个方面，强调要将个人权利和个人的责任相结合，个体在享受自由和权利的同时，应承担起相应的社会责任。实质上仍是"小我"和"大我"的"不朽"人生观的体现，强调突出社会与个人的统一。同时，"健全的个人主义"强调积极的人生态度，国民须具备批判、冒险、创造和奋斗的精神。

概括而言，新文化运动后期，胡适以"健全的个人主义"为口号，强调培养具有独立意识的"现代人"，超越了上海求学时期培养"现代国民"的目标认识。

第二，从育人内容来看，胡适育人思想既有承续的批判，也有深入的批判，整体上对我国国民素质问题的批判更为系统、深入。归国后，胡适对传统伦理道德展开了更大范围的批判，批判范围涵盖了当时社会上普遍存在的愚孝、男女不平等、贞操、丧礼、散漫等问题。

秉持人格平等的观念，胡适认为传统文化中的"孝"违背了人人平等的现代伦理关系，是封建等级制所造就的腐朽价值观念。中国人历来将对父母的"孝"置于所有伦理规范之首，讲究子女对父母的无条件服从和归顺。针对当时社会的种种愚孝行为，胡适对"孝"文化进行了猛烈的批判。在《我的儿子》一文中，他深情地向儿子述说自己的期望："我要你做一个堂堂正正的人，不要你做我的孝顺儿子。"[①]实质上，胡适并非完全否定我国传统的"孝"，只是反对我国父母以血缘伦理为由，对子女进

---

① 胡适. 胡适全集：1卷［M］. 合肥：安徽教育出版社，2003：104–105.

行大肆干扰和控制的行为。他期望建立一种基于真实情感相互尊重、人格平等的亲子关系。在此基础上，胡适还批判了我国传统的"夫为妻纲"，揭示了我国封建制度下男女不平等的根源及其危害。

在《女子问题》一文中，胡适将女子问题概括为女子解放和女子改造两个方面。女子解放包括形体解放和精神解放，胡适批判了当时社会普遍存在的女子不为后嗣、女子贞操保全、女子责在阃内、防闲的道德论等问题，期望女子通过改造能够形成自立的能力、独立的精神和先驱者的责任意识。其中，他着重对女子的"贞操""节烈"问题进行了批判，认为其"是不合人情公理的伦理"[①]。在《贞操问题》一文中，胡适愤怒地谴责了当时社会大肆提倡的烈妇殉夫、贞女烈女、寡妇守寡等现象，认为这些不符合人性和伦理的道德规范实属残忍，其"罪等于故意杀人"[②]。

此外，胡适还针对丧礼、散漫、崇拜名教等问题撰写了大量文章：在《我对于丧礼的改革》一文中，对丧礼、讣闻、吊唁、出殡、丧服等问题进行了批判；在《时间不值钱》一文中，批判了国人打牌、逛街、遛鸟等浪费时间的行为；在《个人自由与社会进步》《自由主义是什么》《宁鸣而死，不默而生——九百年前范仲淹争自由地名言》《我们要我们的自由》等讨论自由主义的文章中，胡适重点阐述了思想自由、言论自由、出版自由的重要性，批判了当时社会舆论的不自由，他认为当下无自由的社会决不能培养出符合现代社会文明要求的现代国民，没有这种自由国民，国家也不可能真正富强。

第三，从育人途径来看，胡适育人思想在坚持教育与文学并重的同时，着重强调"民主制度"的改造作用，并对保守主义和激进主义进行了批判。

胡适坚信救国的唯一途径是"造不能亡之因"，这个"因"就是要育

---

① 胡适. 胡适全集：1卷［M］. 合肥：安徽教育出版社，2003：635.
② 胡适. 胡适全集：1卷［M］. 合肥：安徽教育出版社，2003：634.

人，就是塑造具备现代文明素养的"现代人"。而"造因"的方式仍需依靠教育和文学，因此，这一时期，胡适仍然坚持教育和文学的育人作用。

教育方面。胡适认同杜威"教育即生活"的理念，提倡通过生活教育培养国民。他批判我国教育只是"文字教育""记诵教育""书房教育"[①]，脱离生活实际，"不但不能救亡，简直可以亡国"[②]。他认为真正的教育是生活的教育，应具备科学的方法，即"解决人的问题的方法"[③]。

文学方面。胡适坚持强调新文化运动的意义在于人类精神的解放，在于倡导一种科学和人权的新的人生观。文学革命的本质是"一种对人类解放的要求，把个人从传统的旧风俗、旧思想和旧行为的束缚中解放出来"[④]。

在社会（制度）与个人（国民）关系问题上，胡适开始由之前强调教育与文学转向强调"民主制度"，具体改造思路也从前期的"思想革新式"个人改造转向"制度与人"双向互动改造。这一时期，胡适提出"民治的制度就是一种最普遍的教育制度"[⑤]，因此，实施民治的过程就是培育现代公民的过程。胡适认为所谓好公民一定是在民治制度下训练而成，要使人民懂得如何参与、运用政治，"就是要上课，就是不准学生逃学"[⑥]。胡适指出中华民国成立多年，但民治程度极为失败，人民现代化成效甚微，正是因为"上课的日子很少，逃学的学生太多"[⑦]。简言之，在胡适看来，"要造就良好的公民，只有两条路：第一要给他一个实习做

---

① 胡适. 胡适全集：8卷［M］. 合肥：安徽教育出版社，2003：380.

② 胡适. 胡适全集：1卷［M］. 合肥：安徽教育出版社，2003：593.

③ 胡适. 胡适全集：3卷［M］. 合肥：安徽教育出版社，2003：5.

④ 胡适. 胡适全集：18卷［M］. 合肥：安徽教育出版社，2003：350.

⑤ 胡适. 胡适文存：贰［M］. 北京：华文出版社，2013：278.

⑥ 胡适. 胡适文存：贰［M］. 北京：华文出版社，2013：278.

⑦ 胡适. 胡适文存：贰［M］. 北京：华文出版社，2013：278.

公民的机会，就是实行民主制的制度；第二减少他为恶的机会，使他不敢轻易犯法。"①

同时，胡适斥责那些以"国民劣根性"为借口而拖延民主建设的人都是企图独裁专制的独夫民贼。倘若总以国民素质不达标来拖延民主，就如同怕小孩跌倒而拒绝让他学走路一样，学走路是避免跌倒的唯一办法，民治也是训练现代公民的唯一途径。

总而言之，胡适与梁启超等育人路径的分歧，主要体现为"单项决定论"与"双向决定论"的不同。与梁启超等人个人决定社会的单项决定论不同，胡适认为个人与社会互为影响，"个人造就社会，社会造就个人"②。并且，在胡适看来，社会对个人的影响更为重要，"个人是社会上种种势力的结果"③。胡适反对鲁迅那样"把'改造个人'与'改造社会'分作两截"④，他认为试图脱离社会去改造国民是不可能的，因此，制度的变革才是首要任务。

第四，胡适还批判了以梁漱溟为首的文化保守主义派。胡适批判文化派将人生态度视为决定性因素具有唯心主义倾向，指出文化绝非用简单的"意欲""路向""知觉"等概念就能解释清楚的。他接着批判梁漱溟的文化三路向学说，认为文化三路向理论混淆了文化的民族性和时代性，"这种历史上程度的差异，认作民族生活根本不同方向的特征，这已是大错了"⑤。在胡适看来，当前我国的问题是要用历史和实验的方法研究如何选择的问题，因此，必须踏踏实实向别的国家学习，这才是当前迫在眉睫需要做的。

---

① 胡适. 胡适文存：贰［M］. 北京：华文出版社，2013：279.

② 胡适. 人生有何意义［M］. 北京：北京理工大学出版社，2016：48-49.

③ 胡适. 胡适说社会与文明［M］. 广州：广东旅游出版社，2014：77.

④ 胡适. 胡适说社会与文明［M］. 广州：广东旅游出版社，2014：76.

⑤ 胡适. 胡适全集：2卷［M］. 合肥：安徽教育出版社，2003：247.

第二章 为何育人：从"国民批判" 到"人的批判"

　　培养人的"个人本位意识"不仅是胡适道德伦理思想的基本主张，也是胡适育人思想的核心内容，就此意义而言，对国人"无个人意识"的批判遂成为胡适育人思想的主要内容。须知，胡适对国民素质的批判经历了从"无国民意识"批判到"无个人意识"批判的发展，其理想国民的建构也经历了从"现代国民"到"现代人"的发展，这一转变本质上源于胡适文化思想层面的变化。

　　胡适育人思想的研究离不开对近代育人思想发展历程及相关概念的考察，故而有必要先对这两大主题进行基本解析。

第一节　近代育人思想发展历程及相关概念分析

一、近代育人思想发展历程

　　基于不同历史时期的不同育人任务及不同理想国民形象，笔者将近代育人思想的发展划分为"新民""立人""无产阶级新人"三个时期。而培育新民、无产阶级新人实则为"立国"之手段，故"立国"实质上是这两个时期育人的目的。因此，近代育人思想的发展也可视为从"立国"到"立人"，再到"立国"的历史演变。以下将从育人之理想国民、批判内容、育人途径等方面对不同历史时期的育人思想展开分析与比较。

需注意的是，笔者并未将近代地主阶级改革派的人心风俗改造思想视作我国近代育人途径的开端。因为龚自珍、魏源等地主阶级虽然提出过"师夷长技以制夷"和"平人心之积患"的命题，但这些思想在很大程度上仍属古代传统人心为本的道德决定论，在育人的目的、手段以及方法上都远未挣脱封建传统思想的牢笼和藩篱，故而实质上尚不具备育人的近代意义。中国近代育人思想主要经历了如下发展过程。

（一）新民：20世纪前后的育人思想

19世纪末20世纪初，甲午战败、戊戌变法失败、八国联军侵华等历史事件无不表明"救国"已成为时代主题。"救国"的迫切性促使人们将关注的重点放在如何变革政体，以及如何培育国家所需的国民素质等问题上。

育人目的与理想国民形象方面。1895年，严复率先指出，国民素质问题是解决一切社会问题的基础，他提出中国只有"开民智、鼓民力、兴民德"，才能成功变革政治，摆脱民族危机。[①]戊戌变法失败后，梁启超也意识到国民素质的重要性，喊出"新民为今日中国第一急务"。梁启超所言的"新民"的首要素质是公德，他认为个人是无法脱离群体而存在的，因此，国民应具备的首要素质便是"为公""利他""合群"这样的公德。"公德"的养成，要突破中国传统家族制观念，培养"国家思想"。梁启超认为国人仅"知有天下而不知有国家"，因此，他极为重视培养国

---

① 严复. 严复诗文选注［M］. 南京：江苏人民出版社，1975：48–52.

民的民族观念、国家思想。此外，梁启超认为国民还须具备自由、权利、平等等政治观念及进取、冒险、尚武等精神。

20世纪初，梁启超等人试图从国家、民族的视角来描绘理想国民的形象，将国家发展所需的公德、国家意识等观念视为"新民"的必备素质。"立国"成为育人的主要目的，"现代国民"成为追求的理想国民形象。在民族危机的背景下，先贤们自觉将"国家""集体"置于"个人"之上，形成了"立国"导向的育人思路。

育人途径与手段方面。具体如何育人？这一时期主要有两个途径：教育与小说。20世纪前后，梁启超等人都极力主张通过教育育人，在教育方针、教育内容、教育方法方面进行了深入探索。在教育方针方面，何种主义或思想应成为教育宗旨成为人们讨论的重点。他们批判我国古代教育方针为奴性教育——"最尊莫如孔、老，一则崇封建之礼教，尚谦让以弱国民性；一则以雌退柔弱为教，不为天下先"[1]，主张以资本主义道德价值观取代忠君、尊孔、尚公的封建教育宗旨。在教育内容方面，他们批判了以封建伦理纲常为核心的道德教化思想，主张学习西方自然科学、法律制度等内容，增强教育的科学性。在教育方法方面，他们批判了传统被动、灌输的教育方法，提出采用西洋启发为主的教育方法。他们认为灌输圣人名言使学生缺乏独立见解和动手能力，教学应以学生发展规律为基础，以启发诱导等灵活方式来发展学生的自觉动手能力。除教育外，这一时期的思想家还重视小说的育人作用，他们将小说视作变化气质、开启民智的重要途径。之所以重视小说的育人作用，很大程度上缘于文学在欧洲社会改革中所起的作用："且闻欧、美、东瀛，其开化之初，往往得小说之助。"[2]

值得注意的是，戊戌变法至辛亥革命前，早期资产阶级基于国民素

---

① 王栻. 严复集：第三册［M］. 北京：中华书局，1986：560.

② 王栻. 严复集：第一册［M］. 北京：中华书局，1986：269.

质与封建制度的关系，还提出一条渐进式民主宪政的改造路径，即通过制度的改革塑造理想的现代国民。严复曾详细阐述过如何通过司法制度、经济制度、教育制度来培育新民，如推行平等和人权原则的司法制度、实行市场经济体制、培养国民竞争意识等。辛亥革命爆发，严复、梁启超的君主立宪改良之路也随之化为泡影，但面对辛亥革命后的政治动荡，严复更加坚定了君主立宪改造道路的正确性。他坚持认为，民主政体应以高尚的品德为基础，而"吾国形势、程度、习惯，于共和实无一合"，因此，他"终觉共和国体非吾种所宜"。①他认为正是因为我国过早推行共和政体导致了国家乱象。

（二）立人：辛亥革命后至五四运动前的育人思想

辛亥革命后，民主共和初建，国际上西方列强深陷"一战"而无暇顾及中国，"救亡"不再是社会的主要矛盾，但新生的中华民国国内军阀割据，政治动荡，复辟与复古思潮泛滥。知识分子将民初社会上的种种问题归咎于国民素质问题，进而将改造的着力点转向思想、文化、国民素质方面。新文化运动期间，以陈独秀、胡适、鲁迅为代表的新文化运动精英一反"立国"之追求，转而强调育人"个人"的价值，将个人人格的独立和个性解放视为育人的目的。

育人目的与理想国民形象方面。这一时期，鲁迅明确表示："人各有己，不随风波，而中国亦以立。"②胡适则提倡"健全的个人主义"，强调须使"个人有自由意志"，个人要充分发展自身个性，要培养独立自由人格。胡适认为我国传统宗法社会造就了无数奴性、盲从、依赖的国民，中国人自古不知"独立"为何物，因此，"今日救治之策，惟有提倡独立"③。陈独秀认为只有独立人格的人，才会真正独立行使权力，才能真

① 王栻. 严复集：第三册［M］. 北京：中华书局，1986：603.
② 鲁迅. 鲁迅全集：第8卷［M］. 北京：人民文学出版社，1981：24–25.
③ 胡适. 胡适文集：第九卷［M］. 北京：北京大学出版社，1998：565.

正祛除传统奴性之人格。独立与自由是人生而具有的神圣权利，是不可剥夺、不可转让的。以独立、自由、平等为核心的个人本位价值成为育人思想的主流价值，培育独立人格的人也成为育人的最终目的。

育人途径与手段方面。这一时期的育人途径包括教育、文学和制度。在教育方面，新文化运动精英将独立、自由、平等精神作为教育追求的目标，培养独立人格、发展人权成为教育的宗旨。在教育内容方面，他们继续批判传统封建道德教化，重视自然科学知识和世俗技能的培育，强调科学精神的培养。正如陈独秀所言："我们的物质生活上需要科学，自不待言；就是精神生活离不开科学也很危险。"[1]

文学途径方面。这一时期，尤为重视小说、诗歌、戏剧的育人作用。鲁迅说："文学革命者的要求是人性的解放。"[2]基于这种观念，鲁迅将文艺改造视作育人的主要途径，他认为小说等民间文学通俗易懂、贴近生活，对于文化素质普遍偏低的国人而言更易理解和接受。胡适、陈独秀喊出了文学革命的口号，他们期望通过文学的语言解决社会语言及教育的民主化问题，继而达成育人目的。此外，新文化运动精英同样重视诗歌和戏剧的作用，将诗歌和戏剧作为启蒙民众的重要途径。他们创作了大量白话诗，主张在内容上用白话作诗，在形式上"解放诗体"，不对诗的体裁加以规定和限制，打破了束缚国人精神的镣铐枷锁。而戏剧的变革主要体现在思想内容和整体风格上：在戏剧内容上，他们提倡国人多排多唱有益风化的戏，大力宣扬独立、自由、平等的道德价值观念；在戏曲风格上，他们批判了传统大团圆文化，提倡多演悲剧戏，希望用悲剧观念来医治国人说谎作伪的习性。

制度途径方面。这一时期，与其他新文化运动精英所不同的是，胡适提出了"制度育人"的路径。胡适并不否定国民素质的提升是社会制度

---

① 陈独秀. 陈独秀著作选：第三卷［M］. 上海：上海人民出版社，1993：128.

② 鲁迅. 鲁迅全集：第6卷［M］. 北京：人民文学出版社，1981：20.

建设的条件，但他同时强调，国民性的形成取决于"社会制度"，而非以鲁迅为主要代表所倡导的"文化道德"。胡适认为在不同的环境下，人性趋向不同的发展，好的制度塑造好的国民，恶的制度塑造恶的国民，"制度"必然是育人不可或缺的途径。

总而言之，新文化运动的伟大意义在于真正树立了以人为本的现代理念，从根本上冲破了数千年封建形态对人的压迫和束缚，但遗憾的是，这一启蒙事业最终被救亡图存的历史任务所中断。

（三）无产阶级新人：五四运动后期至大革命前的育人思想

新文化运动后期，日本侵华加剧，民族危机加重，启蒙运动迅速转向政治革命。部分知识分子意识到单纯的个人启蒙、解放个性难以挽救危机，需借助集体、阶级的力量才能对抗社会现实。他们否定了育人的个人本位价值取向，将目光重新投向集体和社会，着重强调个人对社会的责任，更加关注育人的集体主义取向。于是，许多知识分子积极投身革命斗争，民族国家的独立与解放再次成为他们育人的出发点，个人的自由和解放问题则被搁置。

鲁迅以文艺手段塑造国民多年，最终接受了"阶级革命论"，投身于苏俄式的革命斗争。五四时期的鲁迅认为阶级观念和阶级意识才是育人的主导思想。李大钊、陈独秀等积极引入马克思主义，成为最早一批左转的知识分子。他们一改之前高唱个性解放的观点，极力倡导人的社会性、责任感。在马克思主义的影响下，早期共产主义知识分子认为具有阶级意识、阶级观念的无产阶级新人才是我们所追求的理想国民。他们以集体主义价值观作为改造国民性的方向，反对个人利益先于社会、集体利益，强调个人应对社会负责。在育人目的上，他们明确指出"群众"而非"个人"应成为育人目的。在"救亡"的时代背景下，集体主义最终取代了个人主义，独立自由人格的追求也被革命精神和阶级意识所替代，"立人"最终让位于"立国"。

二、"现代国民""现代人"等概念分析

围绕"育人"这一主题，学人或从国家、民族的角度提出"立国"的改造思路，或从个体角度提出"立人"的改造思路。近代史上由"立国""立人"派生的概念众多，如"新民""国民""公民""现代国民""现代人"等，都以"改造国民性"为精神内核，但其价值取向和基本内涵又有所差异。

许多学者已对"国民""公民""臣民""现代国民""现代人"等相近概念进行过比较①，我们认可这些辨析。结合这些研究，我们认为需要与"国民"厘清的概念大致有三种：第一种是民主社会中的公民概念；第二种是与封建社会统治者相关的私民、臣民、黎民、子民等概念；第三类是反映社会政治生活的人民、民众、建设者、接班人等概念。

"国民"指拥有国籍的国家构成成员。"公民"则指拥有一国国籍，并享有一定权利和承担一定义务的自然人。国民和公民概念颇为相近，实质上在法律上几乎没有区别，即都指一国之中享有权利和履行义务的自然人。但二者仍有差异，国民对应的是"国"，指国家；而公民对应的是"公"，指国家的法律制度和民主制度。国民常以集合体形式出现，强调归属意义，是民族国家产生后便出现的概念。公民则指单数公民个体，强调政治意义，是现代民主政治的产物，仅在民主政治体制内使用。国民范畴大于公民。英国学者马歇尔（T.H.Marshall）在《公民身份与社会阶级》中指出，公民身份的发展经历了"公民的要素""政治的要素""社会的要素"。"公民的要素"由个人发展所需的人身自由、言论自由、思想自

---

① 如蓝维教授在《公民教育：历史、理论与实践探索》专门分析过公民、国民、臣民等概念。檀传宝教授在《公民教育引论：国际经验、历史变迁与中国公民教育的选择》也论述过公民概念的普适性和特殊性。因克尔斯在《走向现代化》《从传统人到现代人——六个发展中国家中的个人变化》中描述了现代人的三个主要特征：第一，开放性、乐于接受新事物；第二，自主性、进取心和创造性；第三，对社会有信任感，能正确对待自己和他人。

由、财产权、订立契约的权利等构成；"政治的要素"指公民作为政治主体所应有的政治参与权利；"社会的要素"指享有某种社会福利、安全、文明生活的权利。可见，公民概念是历史发展的产物。在当代，公民已从国民发展为世纪公民的层次，然而当代公民仍处于国民意义上，即以国籍为主的公民身份阶段，这是因为现阶段历史仍主要以国籍为标准来确定一个人是否享有该国的公民权利。而当一个国家整体处于过渡时期，会出现国民、公民混用的情况，或直接以国民为主的情况。"现代国民"指与传统国民相对，具有现代精神观念与现代行为的一国民众之集合体。"现代人"则指与传统人相区别，具有与社会现代化相适应的有独立性、开放性、进取心等特征的人。

私民是相对于公民而言的，所谓"私"有两层含义：一是"私有"的"私"；二是"私人"的"私"。[①]前者所谓私民是指"被别人拥有的人"，也就是"臣民"；后者则是"各人自扫门前雪"的传统社会小农意义的"农民"。臣民在英文意义中主要指"受别人统治的人"，"处于别人权力和权威控制下状态下的人"，概括来讲，就是受支配、附属的、使服从的、使奴役的人。[②]在汉语世界中，臣民一词中"臣"有多个意思：一是奴隶社会对男性奴隶的统称；二是君主制国家的官吏；三是对人的屈服。所谓臣民就是封建社会中服从君主的人，反映的是君主制国家君主与人民之间的关系。在高度集中的封建君主制社会，"普天之下，莫非王土。率土之滨，莫非王臣"，臣民在君主绝对权威的控制下，没有任何独立、平等身份可言。在臣民的基础上，又派生出贱民、草民、子民、庶民等称谓，其共同之处都是对社会广大成员的贬低，实质上反映了君民不对等关系。

---

① 檀传宝，等. 公民教育引论：国际经验、历史变迁与中国公民教育的选择［M］. 北京：人民出版社，2011：200.

② 蓝维，高峰，吕秋芳，等. 公民教育：历史、理论与实践探索［M］. 北京：人民出版社，2007：12.

臣民与国民本质的区别在于社会地位的差异。臣民相对应君主，是自然经济、封建专制的产物。国民有不同释义：一是可以理解为国家出现之后的社会成员构成，这层意义上的"国"可以追溯到中西方奴隶社会阶段的国家；二是可以理解为近代民族国家建立后的一国之民，这个层面意义的"国民"也是近代经常使用的"国民"，也是本书所指。那么，国民便是近代市场经济的产物，国民应是具有主体意识和自由权利的人。

实质上，我国近代史上诸多学人所讲"新民""国民""现代国民""公民"都可视作同义语，如梁启超所谓"国民者，以国为民之公产公物也"①。其"新民"也就是"国民""现代国民"。因此，从一般意义来讲，近代史上的"新民""国民""现代国民"与"公民"基本属于同一范畴，都是立足于国家、民族发展需要，具备"国家意识"的"民"。

那么，"立国"（"现代国民""公民""新民"）与"立人"（"现代人"）有何本质区别？"新民""现代国民"是站在"国家"的角度谈"人"，其内在的价值取向是"国家、民族的价值高于个人"，其基本内涵是立足于国家民族发展需要的国民精神和文化素养，而"现代人"则凸显"个人"的价值，其核心要义是个人人格的独立和精神的解放。也就是说，"立国"是以"国"为中心，"立人"是以"人"为中心；"现代国民"是以民族国家发展所需的国民素养为主，"现代人"是以人发展所需的现代素养为主。"现代国民"和"现代人"的育人追求，胡适均予以关注，并提出了相应的育人思路。

概括而言，20世纪初上海求学时期，胡适受梁启超等人影响，强调对"无国民意识"的批判，更注重培养"现代国民"，主张通过育人来变革社会、挽救国家。在个人与社会关系上，胡适育人思想属于个人决定社会的"单项决定论"。留美后，胡适受西方个人本位价值的影响，强调对

---

① 梁启超. 饮冰室合集：文集之四［M］. 北京：中华书局，1988：56.

"无个人意识"的批判，更注重培养"现代人"。这一时期，受实验主义的影响，胡适开始关注社会制度对个体的影响，尤其强调民主制度对国民性改造的价值，走向了社会与个人相互影响的"双向互动论"。

第二节 "无国民意识"：留美前胡适对国民素质的批判

这里的"留美前"即胡适上海求学时期。胡适留美后，其育人思想的内容发生了重大转变：虽然留美前后胡适育人思想都以西方现代资本主义国民形象为标准，但留美前胡适受梁启超等人思想的影响，更多的是在批判国人缺乏"国民意识"，即批判国人缺乏现代国民素质；留美归国后，受西方个人本位意识的熏陶，更多的是在批判国人缺乏"个人意识"。这种变化既源于资本主义不同发展阶段下人民特征的差异，也反映了育人思想的不同特征及后者对前者的超越。

一、"立足救亡而兼顾启蒙"：20世纪前后育人思想的基本格调

自鸦片战争以来，强邻四逼，外侮日深。整个中国近代史既是一部西方殖民者的侵略史，也是一部中国人民反侵略、反掠夺的抗战史。无论近代精英所提出的国民性改造蓝图存在何种差别，一个基本的命题和使命就是要抵御西方进一步的凌辱与侵犯，因此，他们的思想或主张都被"救亡图存"的时代背景所笼罩，具有强烈的使命感与历史感。

被西方的坚船利炮打开国门后，中国人便开始了救国救民的苦苦探寻之路。第一反应自然是武器不如西方，于是洋务运动轰轰烈烈地开展起

来，结果甲午一战，以败而终。精英们嘘声振臂，痛定思痛，不久便发现了政治制度的问题，于是"公车上书"，主张变法图强，但维新百日，以败而终。戊戌变法失败后，精英们迅速得出第三个结论，即国民素质欠佳：没有好的国民，就不会有好的制度、好的社会和好的国家。当维新精英们为国为民奔走呼号于庙堂之时，举国上下却昏昏欲睡、无动于衷，仿佛与自身毫无关系。将中国近代的悲惨境地归咎于国民素质问题，可以说是当时知识分子的一致看法。

1895年，严复率先指出国民素质是解决一切社会问题的前提基础，他提出了著名的"三民说"，即所谓"开民智、鼓民力、兴民德"。他认为中国要振兴，需治标本而非治标，只有提高国民素质这一"本"的问题，才能成功变革政治，摆脱民族危机。[1]经历戊戌变法的失败后，梁启超也意识到国民素质的重要性。他指出，没有适合播种的土壤，再好的种子也无法生根发芽，没有新型的国民，政治变革也只能失败，"新民说"由此应运而生。1902年前后，梁启超连篇累牍地发表多篇文章，陈述改造国民性的重要性和必要性，他将戊戌变法的失败归咎于国民素质问题，并以西方国民素质与政治的关系为例，论证了国家政治与国民素质的关系。通过比较分析，梁启超认为"立宪政体，必民智既开，而后能行之"，因此，新民为今日中国第一急务。随后，梁启超对我国国民素质进行了猛烈批判，呼吁培育与宪政政体相契合的新型国民。由此可见，实现宪政政体、抵御外侮、挽救国家是严复的"三民说"和梁启超的"新民说"共同一致的出发点与落脚点。章太炎等革命派则从政治革命的角度倡导提高国民素质，他们认为造成国人"无主性""无独立性"的根源是清政府的独裁和专制，因此，唯有"革命以开民智、新民德"，唯革命方可复国民"天赋之权利"。[2]

---

① 严复. 严复诗文选注［M］. 南京：江苏人民出版社，1975：48–52.

② 张枬，王忍之. 辛亥革命前十年间时论选集［M］. 北京：生活·读书·新知三联书店，1960：651–673.

"先新民，再新制度、新国家"这一改造思路在辛亥革命后得到了进一步的实践证明，也获得了更多知识分子的认同和支持。1912年，辛亥革命爆发，在"共和万岁"的欢呼声中，中国人迎来了亚洲第一个民主共和国。经历了无数战败和屈辱的中国人坚信，只要拥有世界上最先进的政治制度，很快中国就可以重焕荣光。身在美国的宋庆龄听闻革命的消息，挥笔写下《二十世纪最伟大的事件》，称中国革命是20世纪最伟大的事件之一。可见，辛亥革命对当时中国的震撼之大，当时的知识分子对国家的未来充满了希望和期待，但现实很快就击碎了国人的美梦。洪宪复辟、猪仔议员、军阀混战、贿选事件等，辛亥革命后的种种倒行逆施似乎一再说明，先进的政治制度在中国传统社会这块旧土壤上很难生根发芽。这时人们再次将失败的原因归咎于与"先进政治制度"不相适应的国民素质问题，因而更加坚定了前辈们"无新民则无新制度"的判断。

鲁迅在辛亥革命后的变化最具代表性。辛亥革命前，他与多数知识分子一样，对中国的未来充满希望，但不久后便彻底失望了，认为"大约国民如此，是绝不会有好的政府的"。杨昌济也说："有不良之国民，斯有不良之政府。"陈独秀更是将一国的兴亡归咎于国民性质的好坏，他说："我们中国人天生的有几种不好的性质，便是亡国的原因了。"

由此可见，20世纪前后，育人成为当时学界的主流思想，而梁启超的"新民"思想也成为20世纪育人思想的先导。无论是新民派还是革命派，他们既是思想家，也是政治家，其倡导育人的终极目标是为政治改革、国家自强奠定基础，在个人、民族和国家的关系上理所当然地将国家和民族置于首位。简言之，他们是立足救亡而兼顾启蒙。

到了新文化运动时期，育人思想的格调发生了重要转变。在国家、集体与个人的关系上，陈独秀、胡适等新文化运动精英一反传统，将个人置于首位，明确提出个人利益要高于集体利益。陈独秀甚至提出："国家利益、社会利益，若与个人主义相冲突，实以巩固个人利益为本因也。"①
胡适则提倡"健全的个人主义"，强调须使"个人有自由意志"，个人要
充分发展自身个性，要培养独立自由人格。很显然，他将"人"本身置于
首要位置。这一时期的鲁迅对这个问题的态度也发生了重大转变，他明确
表示："保存我们，的确是第一义。"②

概言之，新文化运动精英将人的生命、价值和尊严置于首位，将符
合现代文明的人的素质发展置于一切理论与思想的出发点与归宿。新文化
运动前，梁启超等精英是从"救亡图存"这一时代主题中衍生出育人的副
题，学人批判的焦点多集中在"国民意识"；而新文化运动时期的陈独
秀、胡适等人则更加注重人的启蒙和解放，学人批判的焦点集中在"个人
意识"。他们将育人与历史文化相结合，从新的角度探寻育人问题，将思
想启蒙推向了新的高度。至此，我们可以看出，新文化运动前后近代育人
思想的发展存在很大差异，以此来审视胡适育人思想生成与发展的社会背
景，分析和判断其思想发展的阶段和变化，是十分必要的。可以说，20世
纪前后，"立足救亡而兼顾启蒙"的育人基调成为研究胡适育人思想产生
的历史背景和条件资源。

二、"中国人总是一盘散沙"：留美前胡适对国民素质的批判

在留美之前，即上海求学期间，胡适受严复、梁启超"新民"思想
的影响，主张通过育人来培育现代国民素质，培养现代新国民，这构成了
上海求学时期胡适育人思想的基本格调。这一时期，胡适批判国民素质的
出发点和立足点是救国或立国，因此，矛头指向的是不符合现代国家要求

---

① 陈独秀. 陈独秀著作选：第一卷［M］. 上海：上海人民出版社，1993：166.

② 鲁迅. 鲁迅全集：第1卷［M］. 北京：人民文学出版社，1981：306.

的国民素质方面，诸如批判国人缺乏爱国意识、尚武精神、同情心和责任感、竞争意识等。概括而言，胡适批判的焦点集中在"国民意识"，具体大致包括以下方面。

其一，缺乏爱国意识和尚武精神。胡适在上海求学时，正值日俄战争爆发。战争爆发以来，国民对国家兴亡表现出的漠不关心让当时的胡适痛心疾首。与当时的多数仁人志士一样，胡适认同梁启超提出的"淬厉其所本有而新之，采补其所本无而新之"的改造方式，他除了积极弘扬中国传统文化中的爱国精神，还积极介绍和吸纳"其所本无"的西洋尚武精神。胡适高度赞扬了英法百年大战中的法国民族英雄贞德，他说："我很望我们中国的同胞，快些起来救国，……我又天天巴望我们中国快些多出几个贞德。"①后来，他又撰写了《爱国》一文，专门向国民阐释了爱国的必要性：他将国家比作父母，将一国之国民比作父母的儿女，指出爱国就是爱父母，爱国是每个国民的本分和职责，"一国之中，人人都晓得爱国，这一国自然强大"。②显然，在国家危亡的背景下反观这一问题，具有很强烈的使命感和意义。

其二，缺乏同情心和责任感。《竞业旬报》作为当时社论前沿的报刊，也会报道一些自然灾害情况。目睹赈灾中的种种冷漠表现，知识分子批判国人缺乏同情心，倡导国人树立责任意识和公民意识。胡适时刻关注全国自然灾情，在《上海的中国人》一文中，他及时报道了全国各地的灾情状况，努力呼吁全国同胞"竭力捐助些洋银，好去赈济赈济，救得一人便尽了一份责任"；同时，他也批判上海的中国人在国家危险存亡之际"一个个穿绸穿缎，欢天喜地"，他对那些"住在上海的中国人"既痛恨又鄙夷。③面对事故灾难时国民表现出的麻木和冷漠，胡适谴责国人"贪

---

① 适之. 世界第一女杰贞德传 [J]. 竞业旬报，1908（27）：5–17.

② 铁儿. 爱国 [J]. 竞业旬报，1908（34）：1–6.

③ 适广. 上海的中国人 [J]. 竞业旬报，1908（24）：31–33.

生怕死、没有爱人心、没有恻隐心、见义不为"。①1908年10月29日，"泰宁"号轮船行至长江江阴段，撞上"大新"号轮船，船员不但不施以援手，而且诓骗救援人员，终致船沉人亡，108人葬身鱼腹。胡适得此消息，极其愤怒，随即题文《中国人之大耻》，抒发其愤然之情："我想那泰宁船上人究竟是人呢，还是禽兽呢？"他认为中国近代以来屡战屡败，丧权辱国，被西洋人侵犯蹂躏，都是因为国人不懂互敬互爱，而"总是一盘散沙似的"的缘故。②

胡适在批判国人缺乏同情心和责任感的同时，也从正面着手，为国人树立了具有家国情怀、充满责任感的典范榜样，这些榜样均来自现实生活，有走卒贩肉之辈，也有践履道义之徒。如在《竞业旬报》撰稿期间，他为国人树立了三位新国民形象："见义勇为"的小贩顾咸卿、"以死明志"的中国公学创办人姚洪业和"破家兴学"的杨斯盛。③总而言之，这一时期，胡适借用白话文刊，动之以情，晓之以理，极力揭露现实，劝导国人承担社会责任，履行应尽之务。

其三，迷信鬼神，缺乏竞争意识。上海求学期间，胡适发表了《真如岛》《无鬼丛话》《论毁除神佛》《地理学》和《说雨》等破除迷信、普及科学的文章，涵盖了社论、小说、科普等类别。《真如岛》作为胡适一生唯一的长篇小说，其宗旨如胡适所言：就是"痛斥迷信，打击神佛"。小说第一回到第十一回（胡适本拟四十回提纲，但最后只写十一回）对中国人生活中的各种陋习，诸如算命、合婚、早婚、近亲结婚、占时、风水、赌博、抽鸦片等，逐一进行了批判。在胡适观念里，"破除迷信，摆脱神治观念"既是普及科学思想的前提基础，也是培育现代国民、建立现

---

①　张向东. 胡适早年的"国民性"批判思想——以《竞业旬报》为中心的考察［J］. 现代中文学刊，2011（6）：30-36.

②　铁儿. 中国人之大耻［J］. 竞业旬报，1908（36）：9-12.

③　张向东. 胡适早年的"国民性"批判思想——以《竞业旬报》为中心的考察［J］. 现代中文学刊，2011（6）：30-36.

代国家的必要条件。在胡适看来，中国人的迷信与国家危亡有直接关系，他急切希望国人能尽早从鬼神迷信中解放，早日习得独立、自由与进取的精神，这样才能在时代洪流中不被淘汰。①

其四，奴性十足，缺乏独立人格。胡适认为中国人的奴隶性是几千年的封建经济和政治制度所导致的，君视民为奴隶，民视君为主人，加之对天命、鬼神的迷信和依赖，使得中国人无论是在自然环境和文化习俗面前，还是在社会权势面前，都只能顺从和忍耐。长期的奴性思想自然无法产生独立人格和自由精神。在《独立》一文中，胡适对独立精神进行了深入分析，批判了国人"靠天"和"靠人"的两大弊端，感慨其"便生生地把这独立病死了"。那么，真正的"独立"如何实现？胡适认为个人需先独立，家庭、国家和民族才能真正独立："一身好了，一家茂盛了，连那祖国都好了。"②当时胡适批判奴性人格，倡导独立人格，均是基于救亡图存、民族独立的需要，在他看来，有了独立自由之国民，方有独立自由之国家。在国家、民族层面探讨国民性问题，是当时胡适国民性研究的特点。

整体而言，这一时期，胡适是从国家、民族立场来探讨育人问题的，他认为中国近代以来所遭受的欺凌和侵略都是因为国人"总是一盘散沙"，因此，他所强调培养的国民素质主要是现代国家所需的爱国意识、竞争意识、责任感等国家层面的"国民意识"。"新民"只是一种服务于国家生存与发展的条件和手段，国民素质的养成最终是要服务于国家利益和民族利益。

---

① 铁儿. 论毁除神佛［J］. 竞业旬报，1908（28）.
② 铁儿. 独立［J］. 竞业旬报，1908（35）.

第三节 "无个人意识"：留美后胡适对
国民素质的批判

留美七年，使胡适深受美国个人本位价值的影响，这种影响可从他在美国所写的《我国之"家族的个人主义"》等代表性文章中窥得一二。当然，这种基本文化价值的转变也影响了他对国民育人问题的认识，最终使胡适在前人思想的基础上取得了新的发展。

留美归国后，胡适与陈独秀等人率先扛起了"科学与人权"的大旗，投身于如火如荼的新文化运动。新文化运动精英认为科学和人权是构成西方文明大厦的两大基石：科学具有理性精神，是一种具有普遍意义的价值观念和方法论；人权是人类数千万年奋斗得来的，是保障人类自身发展的基本要求，也是现代社会发展的必要条件。"科学和人权"构成了新文化运动精英探寻现代化道路的两大基本价值，也构成了新文化运动精英所需解决的主要问题，即培育国人科学的人生观和"个人本位"的现代观念。

留美归国后，胡适对我国国民素质的批判发生了转变，即由留美前对国人"无国民意识"的批判转向对国人"无个人意识"的批判。这一时期胡适对国民素质的批判体现在三个方面：一是承续留美前的批判方向，继续对国民劣根性进行批判与分析；二是集中批判国人"无个人意识"，尤体现在对封建纲常伦理的批判上；三是对当政者素质问题的大力挞伐。当然，对"无个人意识"的批判是胡适留美归国后着墨最多、最具思想力度和代表性的批判。

首先是承接留美前的批判。留美前胡适对国民素质的批判大致集中在德、智、体三个方面：缺乏爱国意识、缺乏责任感、奴隶性（德）；迷信（智）；缺乏尚武精神（体）。留美归国后，胡适仍然对这三个方面进行了批判和反思。

（1）德

上海求学期间，胡适就曾批判国人缺乏责任感，麻木不仁，经常"事不关己，高高挂起"。归国后，在《对于〈努力周报〉批评的答复》中，胡适继续对国人的这种旁观心态进行了强烈批判，并将其归纳为"现在国中最大的病根"之一。针对这一劣性，胡适在《少年中国之精神》中提出了现代人应具备"社会协进的观念"，他指出"社会和个人是相互影响的，需要互相帮助"，每个社会成员与整体社会的利益休戚相关，因此，"人人都是同力合作的伙伴"，人人需对社会负责。①在《个人自由与社会进步》《非个人主义的新生活》等文章中，胡适多次强调所要培育的"健全独立人格的人"是具有"独立自由意志"，并能"担干系、负责任"的人。

在《易卜生主义》中，胡适批判国人奴性十足，逆来顺受，他试图借用易卜生的戏剧来揭露传统专制社会的压迫，进而祛除奴性这一顽疾。易卜生善于写实，揭露了近世社会家庭中自私自利、依赖性、奴隶性、怯懦等丑恶。他批判了社会对个人的损害，将社会比作一个大火炉，"什么金银铜铁锡，进了炉子，都要熔化"②。在《娜拉》《群鬼》《社会的栋梁》《博克曼》《国民公敌》等戏剧中，易卜生多次批判社会势力对个性的摧残。何以祛除几千年传统社会中形成的奴隶性？胡适认为，最重要的就是要"把你自己这块材料铸造成器"③。不然，只能像《群鬼》中的阿尔文夫人那样"明知世界'陆沉'，却要跟着'陆沉'，跟着堕落，不肯'救出自己'"④。

（2）智

在《对于〈努力周报〉批评的答复》《科学的人生观》《我们对于学

---

① 胡适. 我们所应走的路［M］. 北京：北京理工大学出版社，2016：146-151.

② 胡适. 读书与做人［M］. 广州：广东旅游出版社，2014：135-148.

③ 胡适. 读书与做人［M］. 广州：广东旅游出版社，2014：135-148.

④ 胡适. 读书与做人［M］. 广州：广东旅游出版社，2014：135-148.

生的希望》等文中，胡适对"迷信"进行了进一步的批判，他将"靠天吃饭的迷信"归纳为国民劣根性之一。在《〈科学与人生观〉序》一文中，胡适立意鲜明地指出国内"科学破产论"的论断不过是"平素饱餍科学的滋味"的几个反动哲学家，"偶尔对科学发几句牢骚话，就像富贵人家吃厌了鱼肉，常想尝尝咸菜豆腐的风味"，这种言说本身没有意义，造不成多大影响。现实社会上到处充斥着迷信，人们还不曾享受到科学的福音，更遑论科学带来的灾难："这遍地的乩坛道院，这遍地的仙方鬼照相，这样不发达的交通，这样不发达的实业，——我们哪里配排斥科学？"[①]可以说，国人只有做官发财、靠天吃饭、求神问卜的人生观，科学的人生观还没有完完全全地扎根于国人的头脑。因此，胡适认为改造国民性的紧要任务还是要破除迷信，弘扬科学精神，并且应将"科学的人生观"当作人类人生观的最低限度。[②]在"破除迷信，发展科学"这一宏图中，胡适尤其重视青年学生的领导带头作用，认为"学生不来破除迷信，迷信是永远不会破除的"[③]。此外，胡适也以身作则，率先垂范，尤其是在葬母时，积极采用文明、科学的方式，努力祛除活动中的迷信部分。

（3）体

这一时期，胡适也较多关注国民身体素质，尤其关注女子问题，批判了传统社会对女子身体的摧残和压迫。在《女子问题》中，胡适批判传统社会男子将女子视作玩物，许多"刑具"，如缠足、穿耳朵、束胸等加于女子身上，造成了对女子身心的压迫与破坏。因此，女子的解放首先须从形体的解放着手，胡适尤其关注缠足问题，认为"如果我们不能实行天足运动，我们就不配谈女子解放"[④]。

接着，须对留美后胡适育人的主要内容进行分析。所谓深入批判，是

---

① 胡适. 人生有何意义［M］. 北京：北京理工大学出版社，2016：9–28.

② 胡适. 人生有何意义［M］. 北京：北京理工大学出版社，2016：9–28.

③ 胡适. 我们所应走的路［M］. 北京：北京理工大学出版社，2016：152–160.

④ 胡适. 容忍与自由［M］. 北京：北京理工大学出版社，2016：119.

指对以往较少涉及或曾被学人忽略的内容进行批判。留美归国直至去世，胡适主要对以往较少涉及的"个人意识"方面的某些国民素质进行了深入批判。

一、"超越贤妻良母"：对女子问题的批判

近代以来，随着我国由传统农业社会向现代社会的发展，妇女解放运动开始兴起，妇女问题成为社会关注的一大重点。可以说，现代化过程中的女权问题，是每个走向现代化的国家必然经历的。

"中国之所以糟到这步田地，都是因为我们的老祖宗太对不住我们的妇女。"①胡适对女子问题的关注早在上海求学期间已初露端倪，通过多种途径批判了束脚文化，呼吁女子解放双足。1906年，他在《竞业旬报》发文呼吁："所以我说中国的女子，若不情愿做废物，第一样便不要缠脚，第二样便要读书。"②1908年，胡适又批判了《女诫》，对其压迫女性、摧残人身的思想进行了尖锐揭批。他批判男尊女卑文化，将"小脚"视作国耻，鼓励女子争取权利，学习科学文化，在他看来"女子也成为一个健全的人，于是社会变成为健全的社会"③。

胡适认为，女子要成为独立的现代女性，首先要树立"超于良妻贤母人生观"。传统社会并未将女子当作独立的人，她们是女儿、老婆、母亲，在家要从父，出嫁要从夫，夫死要从子，女子从未被真正视为一个人。历史上只有孝女、贤女、烈女、贞女，却不曾有一个真正的女人。那么，何谓超越贤妻良母的人生观？胡适指出传统文化提倡的女子教育是一种"贤妻良母"的教育，今日的女子教育应不局限于"贤妻良母"，而是

---

① 胡适. 胡适说社会与文明［M］. 广州：广东旅游出版社，2014：80.
② 胡适. 胡适说社会与文明［M］. 广州：广东旅游出版社，2014：80-81.
③ 胡适. 容忍与自由［M］. 北京：北京理工大学出版社，2016：117.

能让那些不愿做良妻贤母的人不做贤妻良母，敢于迈向更大的舞台。“我们中国的姊妹们若能把那种‘超于良妻贤母人生观’来补助我们的‘良妻贤母’观念，定可能使中国女界有一点‘新鲜空气’，定可使中国产出一些真能‘自立’的女子。”①女性走向社会，是现代化的必然结果，反之，增加的女子劳力也加速了社会整体的现代化。

　　具体而言，何以造就具有现代国民意识的现代女性？胡适指出要分两步走：第一步，解放女性；第二步，改造女性。女性解放包括形体的解放和精神的解放。其一，形体的解放。破除诸如缠足、穿耳朵、束胸等束缚女性身体的不自由行为，可算是形体上的解放。其二，精神的解放。胡适批判了束缚女子精神的手铐脚镣。首先，女子不为后嗣。古代中国最重“有后”，可女子不算其内，不能继承父母财产。于是便出现收养儿子承继家业、“娶妾”延续香火等社会现象。胡适认为古代女子不为后嗣，大部分原因出于经济缘故，故提倡女子经济独立。其次，贞操问题。围绕这一问题，胡适撰写过多篇文章。何谓贞操？“贞操是因男女间感情浓厚，不愿意再及于第三者身上。”②因此，若男女双方相爱，就应都为彼此守节，这时贞操是男女双方共同的义务。但是中国古代，男子可嫖，可纳妾；女子受贞洁贞操观念限制，不能与人通好，终身拘囿于名声贞操。“如此的社会，实在是杀人不抵命的东西！”③胡适曾指出：“男子叫女子守节，女子也可以叫男子守节，男子如果可以讨姨太太，女子也可以娶姨姥爷！”④再次，女子责在阃内说。传统社会规定女子职务在家庭之内，胡适认为这是捆绑女子的一根绳索，需打破摒弃。许多女子可以做学问，可以学美术、文学，也可以当教师，许多职业女子较男子更具优势，故将女子局限于做贤妻良母，既不合情，也不合理。我们不应将女子的职

---

① 胡适. 容忍与自由 [M]. 北京：北京理工大学出版社，2016：118.
② 胡适. 容忍与自由 [M]. 北京：北京理工大学出版社，2016：120.
③ 胡适. 容忍与自由 [M]. 北京：北京理工大学出版社，2016：120.
④ 胡适. 容忍与自由 [M]. 北京：北京理工大学出版社，2016：120.

务拘囿于洗衣、煮饭、抱孩子。我们吃饭可以吃酒店厨子做的，衣服可以拿洗衣厂去洗！① 最后，防闲的道德论。古代对女子常有防闲的怀疑态度，认为女子参与社会活动事务总会引起道德问题和社会问题。胡适提出"防闲决不是道德"，他承认完全自由会有流弊，但不能因噎废食。"怕流弊而禁止自由，流弊必然更多，而且更不自由了！"②

接着，胡适提出了培育女子的方向，即要培育女子自立的能力、独立的精神及先驱者的责任。胡适认为，作为现代国民，女子不仅应具备独立、自立的精神，更应树立"先锋者"的目标，要勇于承担责任，勇做社会的先锋。当然，这些观点与胡适的"健全的个人主义"是相呼应的。

二、人格应该高于贞操：对贞操文化的批判

在诸多女子问题中，胡适对贞操问题的论述颇多。中国传统社会十分重视女子贞操，"饿死事小，失节事大"等言论使无数女子深受其害。胡适认为贞操不是个人的事而双方的事，是一个人对另一个人的一种态度。他认为应将贞操与人格分别看待，认为人格高于所谓贞操，女子贞操的不幸丧失并不意味着其人格的损坏和降低，尊重并平等对待因多种原因丧失贞操的女子是现代社会的基本道德价值。

在《贞操问题》一文中，胡适集中讨论了寡妇再嫁、烈妇殉夫、贞女烈女等问题。其一，寡妇再嫁问题。胡适认为，寡妇应否再嫁完全是个人问题：有些女子因难以割舍对亡夫的情义不愿再嫁，或年老不愿再嫁，或衣食无忧不必再嫁，这种境况不选择再嫁是完全可以理解的；而有些女子对丈夫已无心意，或年纪尚轻不舍家庭快乐，或家贫无法一人度日，继而选择再嫁，完全是合人道、合人情的。胡适认为夫妻间若没有爱情恩意，

---

① 胡适. 容忍与自由 [M]. 北京：北京理工大学出版社，2016：121.
② 胡适. 容忍与自由 [M]. 北京：北京理工大学出版社，2016：121-122.

便没有贞操可说，妇人再嫁与否完全基于个人恩情上、体质上、家计上不同的境况，若只说忠臣不事二君，烈女不跟二夫，这是伤天害理的男子专制的贞操论，"是不合人情公理的伦理"①。其二，烈妇殉夫问题。妇人殉夫最常见的理由是因为夫妻间爱意甚浓，加上宗教迷信的影响，试图死后重新团聚。胡适认为，这虽不属于贞操问题，但也算个人感情问题，是依据个人意志来选择的，因此，法律不可褒扬自杀殉夫。其三，贞女烈女问题。夫妻之间若没有爱意，也就没有贞操守节之说，那些守贞不嫁的"贞女"，杀身殉夫的"烈女"，是没有任何理由守节守操的。"守贞不嫁""杀身殉夫"不应成为社会和法律鼓励的对象。

总体而言，胡适对前人视为天经地义的贞操问题进行了深入系统的阐释，总体而言，他认为贞操是男女双方相互的态度和道德，并非仅仅侧重于女子一方。

三、"父母无恩"：对传统孝道的批判

传统文化将父母视为天，将"孝"视为子女应尽的义务。基于自由、平等的价值观念，胡适对传统"孝文化"进行了猛烈抨击，认为传统"孝"是封建宗法社会制度下的片面义务。胡适提出了"父母无恩"的观点。胡适认为，子女的出生——无论是父母有意还是无意，都是在未经同意的情况下被给予的，那么，父母对于孩子就只有责任，而没有恩意，孩子未来在人生道路上的功与过，父母都应负一定的责任。就此而言，父母对子女的生与养，并不是父母对子女的恩意，而只是自身应该承担的责任。父母不能将子女视为赡养自己的工具（养儿防老），也不能将子女视作自己的私有财产。

1919年，胡适长子胡祖望出生，胡适作诗《我的儿子》提到："树

---

①　胡适. 胡适说社会与文明［M］. 广州：广东旅游出版社，2014：140.

本无心结子,我也无恩于你……我不能不养你教你,那是我对人道的义务。"他说儿子的降生犹如树上开花,花落实属偶然,并教导儿子:"我要你做一个堂堂的人,不要你做我的孝顺儿子。"①实际上,胡适并非反对子女对父母的回报和孝顺,而是反对子女对父母的绝对服从和盲目愚孝,他期待建立一种符合现代精神文明的平等、尊重、自然的父子关系。因为在胡适看来,这种一味强调"天下无不是的父母"的封建教条,只会造成社会道德流弊,必然走向脱离实际的极端形式化。他在《我对丧礼的改革》中讽刺了种种"孝"名义下的荒唐可笑的恶俗:"无论怎样忤逆不孝的人,一穿上麻衣,戴上高粱冠,拿着哭丧棒,人家就称他做'孝子'。"②

胡适的"父母无恩"观点遭到了一些人的质疑,其中汪长禄先生就胡适《我的儿子》一诗提出了疑问:"好像人做了孝子,便不能做一个堂堂的人。"③随后,胡适专作《"我的儿子"——我答汪先生的信》回应了汪先生的质疑,他说"'一个堂堂的人'决不致于做打爹骂娘的事,决不致于对他的父母毫无感情"④,"堂堂正正"做人的信条与"孝"绝对不是相互对立的。他只是强调父母不应将生儿养女视作自己对子女的恩情,而应视作一种责任和应尽的义务,因此也不能希望子女报恩。同时,胡适还指出天下并不是所有父母都值得子女孝顺,如遗传病毒致儿女终身残疾的父母、赌博不负责任的父母及卖国求荣的父母等。所谓孝道之说只会造成愚孝、盲孝的后果,这种缺乏真情实感的虚伪的"孝"没有任何意义,因此,他反对将"孝"作为一种人生信条。

孝文化强调父母的绝对主导地位,宣扬子女对父母的无条件服从,并将此固化为一种"人生信条",胡适批判此种孝文化不仅容易沦为僵化教

① 胡适. 读书与做人 [M]. 广州:广东旅游出版社,2014:165.

② 胡适. 胡适说社会与文明 [M]. 广州:广东旅游出版社,2014:149.

③ 胡适. 胡适全集:1卷 [M]. 合肥:安徽教育出版社,2003:655.

④ 胡适. 胡适全集:1卷 [M]. 合肥:安徽教育出版社,2003:657.

条，滋生虚伪风气，而且会扭曲人性，压制独立人格，因此主张以"父母无恩"全面替代"孝文化"。虽然胡适的"父母无恩"思想颇显偏激，但他揭露了封建孝文化的虚伪和愚昧，对现代家庭平等伦理关系的建立作出了重要贡献。

四、"无后主义"：对"家族的个人主义"的批判

胡适在比较中美家庭后指出，中国传统家庭成员之间存在很大的依赖性，是一种"家族的个人主义"，"实亦有大害"。这种相互倚赖的家族制直接导致父母对子女人身的掌控及子女对父母资产的依赖，甚至波及兄弟姐妹、三亲六戚之间的相依相靠，进而泛化为对权贵、习俗的卑躬屈膝和奴性依附，造就了国民的奴性人格特征。胡适认为，这种家庭制度下的家庭看待社会，就像看待敌国一样，主张的"扬名后人、光裕祖先"本质上都是自私自利的行为。

据此，胡适提出了一种"无后主义"。他批判以嗣续为中坚的家族制度，指出传统中"不孝有三，无后为大"的家族文化会造成不以多妻为非、多早婚、生产无节、女子地位抑卑、生儿防老及依赖性等流弊。[①]他举培根所言——"故惟无后者乃最能传后者也"，号召人们将人生的最大事功致力于社会服务，而非拘囿于家庭事务和儿女生养。在胡适看来，无论是亲生儿子还是非亲生儿子，都不是个人不朽的可靠方式，只有对社会有所功用才能真正"有后"，概言之，"社会"这一"孝子贤孙"才是万无一失的。当然，胡适所讲的"无后"并非要人人不生育子女，而是要"人人知后之不足重，而无后之不足忧"，不要局限于传宗接代的封建伦理观念中。

在此基础上，胡适首先对影响并占据国人思维的"三不朽"——立

---

① 胡适. 我的歧路［M］. 沈阳：万卷出版公司，2014：98-99.

功、立德、立言，进行了深入的批判。胡适认为这"三不朽"有三个缺点：第一，不朽的人极少数；第二，单从积极一面考量，没有消极裁制；第三，"功、德、言"的范围含糊。而后，他提出了"社会不朽论"。胡适认为，我作为"小我"与社会的现在和全体互为影响，与社会的过去和未来存在因果关系。"小我"会灭，"大我"永不灭，"小我"会死，"大我"永不死。①真正的不朽不是个人的不朽，而是社会作为"大我"的不朽。因此，我们追求的人生应是这个社会"大我"的不朽，我们应对"大我"无穷的过去及未来负责。

由此可见，胡适借用"无后主义"和"社会不朽论"的思想，将传宗接代转向对社会的贡献和责任，突破了家族制的个人主义，升华了传统孝道，在一定程度上有助于现代国民独立人格的养成。

五、丧礼改革：对封建礼俗的批判

在礼仪变革上，胡适身体力行，在其母亲的丧礼上实践了诸多改革措施。

第一，讣帖的改革。胡母的讣帖仅短短四十字："先母冯太夫人于中华民国七年十一月二十三日病殁于安徽绩溪上川本宅。敬此讣闻。胡觉、胡适谨告。"②胡适认为，这一讣帖革除了三种陋俗：一是祛除了"不孝某某等罪孽深重"的荒谬言辞，否定了儿子有罪连带父母的报应观念；二是去掉了"孤哀子某某等泣血稽颡"的陈词滥调；三是去除了"孤哀子"之后的虚文。第二，摒弃亲族送锡箔、白纸、纸帽、盘缎等旧俗。胡适发通告给往来亲友："只领香一灶或挽联之类，此外如锡箔、素纸、明器、

① 胡适. 人生有何意义［M］. 北京：北京理工大学出版社，2016：50.
② 胡适. 胡适说社会与文明［M］. 广州：广东旅游出版社，2014：143.

盘缎等物，概不敢领。"①胡适认为，由丧礼引发的种种"靡费"，只是消耗人力物力。第三，改变受吊假哭假哀的作伪丑态。胡适认为古人"哀至则哭"，吊客去则哀止的行为，是在假装"孝"，因此，胡适主张受吊时哀至即哭，哭不必发出假声，不想哭便不哭，决不为吊客做假哀的样子。第四，简化祭礼。传统祭礼程序烦琐，讲究颇多，胡适看来这"不过是做热闹，装面子"②。他将新礼简化为十五分钟，仅包含序立、就位、参灵、读祭文、辞灵、礼成、谢奠等步骤，大幅删减了虚伪繁复的不必要仪式。第五，改革出殡。同样，胡适改革了出殡的烦琐礼仪，主张不持丧杖，不戴孝帽。第六，缩减丧期。胡适主张个人可根据自身哀情的不同，自行选择丧期长短，可三月，可三日，可不服。胡适鼓励短丧，认为三年的丧服制度存在诸多弊端，已无存在的必要，纪念父母并不一定要通过丧服的形式体现。胡母过世后，胡适只穿了五个多月的丧服以表纪念。

总之，胡适认为现行丧礼的弊端，一是未能彻底清除古代遗留的虚伪仪式，二是又增添了许多虚伪、迷信的野蛮礼俗，如天堂地狱、轮回因果等。因此，他认为改革丧礼需从两个方面着手："一方面应该把古丧礼遗下的种种虚伪仪式删除干净，一方面应该把后世加入的种种野蛮迷信的仪式删除干净。"③至于改革的标准如何确定，胡适认为没有绝对的标准，凡事只需问个"为什么"——为什么行这种礼？为什么不行那种礼？只要能做到凡事寻个为什么，也就不会轻易做出那些说不出缘由的行为。

六、对"时间观念淡薄、懒惰、知足"等劣根性的批判

对"时间观念淡薄"的批判。我国传统社会以农耕文明为主，人们

---

① 胡适. 胡适说社会与文明［M］. 广州：广东旅游出版社，2014：145.

② 胡适. 胡适说社会与文明［M］. 广州：广东旅游出版社，2014：145.

③ 胡适. 胡适说社会与文明［M］. 广州：广东旅游出版社，2014：152.

的生活相对固定、封闭，自给自足且缺乏竞争，导致国民时间观念较为淡薄。胡适留美七年，正是美国工业社会高度发展时期，社会竞争激烈，人们的时间观念极强。胡适归国后，所见国内怪状，最为普遍的就是"时间不值钱"，国人吃了饭没有事做，不是打麻将、打扑克，便是上茶馆、遛鸟和闲聊。①胡适批判道："时间不值钱，生命自然也不值钱了。"这种浪费时间的行为只会导致贫穷、瘟疫和对生命的无视与践踏。他尤其批判国人"打麻将"的风气：男人以打麻将为消遣，女人以打麻将为家常，老太婆以打麻将为大事业。

对"懒惰、知足"的批判。传统农耕文明封闭、自足的特征造就了国人安于现状的特征。在《归国杂感》中，胡适感叹虽然离别七年，"中国已经革了三次命，朝代也换了几个了"，但依旧是当初的那个"老大帝国"，就是因为"惰性太大，向前三步又退回两步，所以到如今还是这个样子"②。他感叹那戏曲，外面是洋房，唱角的人不过是二十年前的老古董，是换汤不换药；那书摊书店所卖之书皆已过时陈旧；课堂所用教材书本更不切实用。胡适认为不解决实际问题，逃难就易，都是国人懒惰思想作祟，"懒的人实在没有懂得学问的兴趣，学问本来是枯燥的东西，而正确方法是建筑在正确材料上的"③。因此，胡适呼吁应打破这种浪漫病，研究学问就要去自然界和社会寻找材料，调查实施，付出坚韧不拔的努力，而不是空喊没用的口号。

首先，我国自给自足的农业社会经济具有分散性、缺乏流动性，国民生活范围单一而固定，很少与外界沟通，这容易造就一种保守、散漫的心理特征，国民自然会形成缺乏时间观念、安于现状、迷信自然等心理和行为。其次，便是封建专制制度。胡适认为我国几千年的封建专制制度是

① 胡适. 胡适说社会与文明［M］. 广州：广东旅游出版社，2014：22–23.
② 胡适. 我的歧路［M］. 沈阳：万卷出版公司，2014：127.
③ 胡适. 我们所应走的路［M］. 北京：北京理工大学出版社，2016：26.

国民劣根性产生的重要政治因素。皇帝集权于一身，掌握生杀大权，人民地位卑贱，没有任何权利，只能甘做顺民，独立自由精神丧失殆尽。最后，以儒家伦理纲常为代表的旧文化也是造成国民素质低的重要原因。在胡适看来，儒家伦理规范极力主张的忠君、孝亲、三纲五常实质上是一种奴性文化，其所培养的国民不过是一群顺民和奴才。此外，胡适认为封建家族制也是另一重要原因。胡适将我国的封建家族制度称为"家族的个人主义"，这种家族制束缚和压抑了人性，日久成势必然演变成一种奴性心理，这是国民奴性形成的又一诱因。

归国后，除了对一般国民素质问题进行批判外，胡适还对当政者素质进行了大力挞伐。

在近代育人学说中，所育对象整体上指向普通民众，尤其是新文化运动时期，学人很少区分统治者和一般民众。因而，往往对统治者和当政者道德素质缺乏关注，甚至忽略，而一般民众的素质全貌又难以被全面考察，使得一些优良的品性没有得到合理评估。这一时期，胡适尤为关注这一问题。在对国民素质问题大力批判的同时，胡适也肯定了国人身上的优良品质，如热爱和平、兼爱精神、争自由等，他饱含深情地赞颂中国文化是以"无为而治"为最高政治形态，是主张兼爱精神的，是具有谏奏的悠久传统的，也是重民爱民的。[①]

---

① 胡适. 胡适说社会与文明［M］. 广州：广东旅游出版社，2014：225-228.

第三章 所育何人：从"现代国民"到"现代人"

    个人本位的社会价值是胡适育人思想的核心理念，也是贯穿其伦理道德思想的中心线索。胡适将易卜生的"真益纯粹的为我主义"引入我国，予以介绍和宣传，提出了"健全的个人主义"。"健全的个人主义"不仅是胡适伦理道德思想的基本主张，也是其育人的目标理想，具有健全人格的人便是胡适建构的理想国民。须知，胡适育人思想始终以改造"人"的视角展开，因此可以说，胡适育人思想是关于如何塑造"人"的学说和理论，"人"是胡适伦理道德思想或育人思想的始端和归宿。基于这一认识，胡适认为，符合现代文明且具有独立、自由、平等精神的"人"是改造国民性的最终目的，"人"应是一切道德实践的价值基点，教育应在培养健全人格之人的过程中凸显人的生命、尊严和价值。

    重要的是，胡适希冀造就的"人"经历了从"民"到"人"的演变，其理想国民形象也经历了从"现代国民"到"现代人"的发展，这一转变过程本质上源于胡适文化观层面上的变化。

第一节 "现代国民"：留美前胡适的育人理想

一、"新民为今日中国第一急务"：20世纪前后的育人理想

须知，近代史上，梁启超最先将"国"与"民"相联系："国民者，以国为民之公产公物也……以一国之民治一国之事，守一国之法，谋一国之利，捍一国之患，其民不可得而侮，其国不可谓而亡，是之为国民。"① 梁启超从国家、民族的角度出发谈论国民性，意欲培养符合民族国家发展利益的"新民"，新民的"国民意识"体现了辛亥时期"救亡"目的的需要。

那么，梁启超提出的"新民"（或"国民""现代国民"）具有哪些素质特征呢？梁启超指出"知有公德，而新道德出焉矣，而新民出焉矣"②，即要新国民，须先新民德，而现代国民首要的标志是良好的公德。反观我国社会，我国传统文化中所论"私德者十九，而公德不及一焉"③。梁启超认同"利己"作为人类本性存在的合理性，但他认为个人是无法脱离群体、国家而存在的，个人利益与国家、群体利益是二而一的工程，因此，现代国民应具备"为公""利他""合群"的公德。可以说，他将公德视为"诸国之原"④，是现代国家社会产生和发展的根源，而以上公德是现代公民的主要特征。梁启超认为，公德可以正确处理和调整国家与个人、群体与自己、他人与自我的关系，是救亡图存的国之

① 梁启超. 饮冰室合集：文集之四 [M]. 北京：中华书局，1988：56.
② 梁启超. 饮冰室合集：文集之四 [M]. 北京：中华书局，1988：15.
③ 梁启超. 饮冰室合集：文集之四 [M]. 北京：中华书局，1988：12.
④ 梁启超. 饮冰室合集：文集之四 [M]. 北京：中华书局，1988：15.

利器。

公德如此重要，何以促成社会公德的养成？梁启超认为，首先要突破我国传统家族制观念，培养"国家思想"。"国家思想者何：一曰对于一身而知有国家，二曰对于朝廷而知有国家，三曰对于外族而知有国家，四曰对于世界而知有国家。"①梁启超认为国人无国家观念，"知有天下而不知有国家"，因此，培养国民的民族国家观念是育人的首要任务。

除国民公德外，现代国民素质还需具备自由、权利、平等等政治观念及进取、冒险、尚武等精神。梁启超对此进行了一一探讨和说明。关于自由，"自由者，精神界之生命也"②。他将自由分为团体自由和个体自由，团体自由高于个体自由，只有团体自由，才能获取个人自由。③关于权利，梁启超批评传统文化无权利思想，"权利二字已断绝于吾人脑质中者固已久矣"④。他认为个人权利要与个人责任紧密相连，个人权利的实现建立在对团体义务的基础上。因此，他突出强调国权的重要："国民者一私人之所结集也，国权者，一私人之权利所团成也。"⑤关于独立、自尊，梁启超认为独立、自尊是"不倚赖他力，而常昂然独往独来于世界者也"⑥。国民独立自尊，才可抗拒侵略，才可使国家真正走上独立自主的道路。梁启超指出中国之所以备受欺辱，就在于不能自治，因此，要有"一身之自治"，也要有"一群之自治"。⑦

20世纪初，梁启超思想影响了一代人。鲁迅批判国人只知道有家，不知道爱国。陈独秀批判国人"个个一生的希望，不外成家立业，讨老婆，生儿

---

① 梁启超. 饮冰室合集：文集之四［M］. 北京：中华书局，1988：16.
② 梁启超. 饮冰室合集：文集之四［M］. 北京：中华书局，1988：45-46.
③ 梁启超. 饮冰室合集：文集之四［M］. 北京：中华书局，1988：45-46.
④ 梁启超. 饮冰室合集：文集之四［M］. 北京：中华书局，1988：45-46.
⑤ 梁启超. 饮冰室合集：文集之四［M］. 北京：中华书局，1988：39.
⑥ 梁启超. 饮冰室合集：文集之四［M］. 北京：中华书局，1988：43-44.
⑦ 梁启超. 饮冰室合集：文集之四［M］. 北京：中华书局，1988：53.

子，发财，做官这几件事。至于国家怎样才能兴旺，怎样才能强盛，这些事他们都做梦也想不到的"①。经历戊戌变法失败、甲午战败等，知识分子普遍认为民族危机的根源在于国民的恶劣品性，而国民恶劣品性的症候恰恰表现为爱国心、爱国意识的缺乏，因此，加强爱国教育启蒙是育人的必然要求。

总体而言，20世纪前后，以梁启超为代表的学人立足于国家、民族的视角，强调通过培养国民的公德、国家观念与政治能力来培养现代国民，"新民"成为当时第一急务，这也成为19世纪末20世纪初学人育人思想的共同出发点。

二、"做一个完完全全的国民"：留美前胡适的育人理想

此处"留美前"具体指胡适上海求学时期。如前所述，在上海求学期间，胡适初次接触到严复、梁启超思想，在国民性改造这一问题上，自然也受其启蒙影响。这一时期，除了求学读书，胡适还开始了人生的另一重要活动——参办期刊。1906年，他以编辑的身份加入了《竞业旬报》，借此展开了对时事政治、社会新闻及传统国民性问题的评论与批判。这期间（1906年10月—1909年2月），胡适发表了《真如岛》《无鬼丛话》《论毁除神佛》《爱国》《上海的中国人》《中国人之大耻》《独立》《说我》等破除迷信、倡导爱国意识和责任心的文章。如要归纳胡适早年对国民恶劣品性的批判，大致可概括为以下三个方面。

其一，缺乏爱国意识和尚武精神。胡适上海求学期间正值日俄战争之际，国民表现出的对国家兴亡漠不关心的状态，令其痛心疾首。胡适高度赞扬了法国爱国英雄贞德，指出爱国的必要性和重要性，认为"一国之中，人人都晓得爱国，这一国自然强大"，呼吁国人要有爱国意识和尚武

---

① 陈独秀．安徽爱国会演说［J］．安徽俗话报，1904：15-16.

精神。①其二，缺乏同情心和责任感。他痛批在国家受灾害的情况下，上海的中国人居然"一个个穿绸穿缎，欢天喜地"，呼吁国民要有对国人和国家的同情心和责任感。②其三，迷信鬼神，缺乏竞争意识。他在《真如岛》中"痛斥迷信，打击神佛"，对算命、合婚、早婚、近亲结婚等生活陋习逐一批判，引导国人树立"适者生存"的竞争意识。

不难看出，胡适早年批判国民恶劣品性的目的有二：一是提倡民气；二是改良社会。这也正是《竞业旬报》的宗旨所在。正如胡适在《竞业旬报》周年纪念时所说的那样，早年办报的学人无不是"苦口婆心"，希望国人"从新做一个完完全全的人，做一个完完全全的国民，大家齐来，造一个完完全全的祖国"。③由此观之，"造一个完完全全的祖国"才是胡适早年育人思想的出发点，而"做一个完完全全的国民"才是他育人的目的。这一"完完全全的国民"在道德上须具备爱国意识、同情心、责任感；在身体素质上须强健体魄，崇尚武力和冒险；在国民智力上须具备科学精神，破除迷信。这与严梁等前辈的思想并无二致，他们都试图培养具备公德、国家观念与政治能力的现代国民，都试图通过国民性改造来解决国事民疾，挽救民族危机。想来也是必然，年仅十几岁的毛头小伙初入上海这样的大都市，又遇梁启超"新民"思想风靡海内之时，被其影响，甚至同化，实属正常。

总而言之，留美前的胡适，如当时多数知识分子一样，都是怀抱着"救国"的愿景，走上了育人之路。服务于民族国家发展的"现代国民"则是其育人的目的所在。

---

① 铁儿. 爱国 [J]. 竞业旬报，1908（34）：1-6.

② 张向东. 胡适早年的"国民性"批判思想——以《竞业旬报》为中心的考察 [J]. 现代中文学刊，2011（6）：30-36.

③ 希疆. 本报之大纪念 [J]. 竞业旬报，1908（29）：45-48.

第二节 "现代人": 留美后胡适的育人理想

留美七年, 使胡适心中的理想国民形象也由"现代国民"发展为"现代人"。那么, "现代国民"和"现代人"究竟有何不同? 二者的根本区别在于是否将个人作为独立存在的个体, 是否尊重和维护个人的价值和尊严。"现代国民"的"民"始终是站在"国家"的角度谈"人", 始终是"国家"的"民", 而非"个人"的"民", 其内在的价值取向是"国家、民族的价值高于个人", 个人的尊严、权利和生命等价值是被忽略的; 而"现代人"则是突出个体的"人"的价值, 倡导人格的独立和精神的解放。胡适认为, 封建专制制度造成个性泯灭, 个人消亡, 人只是作为家庭、家族而存在, 而前人所提倡的育人方案也是立足于国家与集体价值的需要, 内在逻辑仍是国家利益至上。

鉴于此, 他将易卜生的"真益纯粹的为我主义"引入我国。在个人和社会的关系上, 胡适认同易卜生的"真益纯粹的为我主义", 主张把自己铸造成器, 救出自己, 他认为这种"个人主义"才是真正有价值、有意义的利人主义。在此基础上, 胡适提出了"健全的个人主义", 将健全人格作为育人目的。个人的生命、价值和尊严成为胡适育人思想的最基本出发点, 也成为他一生的追求。胡适把"人的启蒙"作为国民性改造的首要任务, 认定人的觉悟才是"国家不亡之因", 他从历史文化的角度展开探究, 发展了前人的思想, 最终将育人思想推向了新的高度。

一、"健全的个人主义": "个人有自由意志"与"个人担干系、负责任"

培育具有健全人格的人是胡适育人思想的最终目的。而健全人格的内涵源自"健全的个人主义", "健全的个人主义"实质上是易卜生的"真益纯粹的为我主义"的中国版。在易卜生的思想中，贯穿始终的是"真实纯粹的为我（你）主义"，其最终目的是要塑造一种能充分发展自身个性的人。易卜生认为："须使各人自己充分发展，这是人类功业顶高的一层。"他认为即使面对"如同海上沉船"的世界，"最要紧的还是救出自己"。①个人的生命、价值和尊严始终处于首位，这是易卜生思想的主要观点。

在易卜生主义的基础上，胡适提出了"健全的个人主义"。这一观念包括两个方面：第一，须使"个人有自由意志"，即要获得个人自身的充分发展；第二，须使"个人担干系，负责任"，即强调个人应对社会负责任。②一方面，个人要充分发展自身个性，培养独立自由人格，尽力实现自身存在的价值；另一方面，要认识到自己对于社会的责任和价值，提升自身以更好地为社会服务、贡献社会。这也是胡适的"小我与大我"之"不朽社会观"的具体体现。在1930年《我们所应走的路》一文中，胡适强调我们所应走的路，就是发展"健全的个人主义"，就是"为己而后为人"，"求学而后救国"。③在1935年《个人自由与社会进步》中，胡适再次阐释了"健全的个人主义"的中心思想，即充分发展个人的才能与造就自由独立的人格。④

（一）"最紧要的是救出你自己"：个人主义、易卜生主义

1.个人主义

胡适认为我国传统的"个人主义"是一种"家族的个人主义"，容易养成一种依赖性，其本质上是一种自私自利。他指出西方近代社会所取得的伟大成就，很大程度上得益于个人本位的社会价值，得益于一个个具有

---

① 胡适. 读书与做人［M］. 广州：广东旅游出版社，2014：135-148.
② 胡适. 读书与做人［M］. 广州：广东旅游出版社，2014：135-148.
③ 胡适. 我们所应走的路［M］. 北京：北京理工大学出版社，2016：18-23.
④ 胡适. 胡适说社会与文明［M］. 广州：广东旅游出版社，2014：11-15.

独立人格、自由意志并向往真理的人，以及由这些人展开的对社会制度、文化、教育等社会势力的批判与建设。他认为正是因为"欧洲有了十八九世纪的个人主义，造出了无数爱自由过于面包，爱真理过于生命的特立独行之士，方才有了今日的文明世界"①。

基于对这种人本价值的认同，胡适呼吁以西方自由、平等、民主代替以"三纲五常"为主要内容的传统伦理规范，以个人本位的新道德代替以家族续嗣为核心的旧道德。在国家危亡、社会混乱的背景下，胡适试图从西方文明中找到我国社会问题的病因，改造并塑造符合现代文明的崭新的现代人和现代国家。最终，他找到了他所认为的育人之道，那就是塑造具有健全人格的人，这样的人首先要对自己负责，然后才能对社会负责。

"健全的个人主义"本质上强调对个人生命、尊严、自由思想的尊重和维护。然而，在风云变幻的国际国内局势下，随着胡适的"立人"思想进一步发展和成熟，育人方式和手段也发生了一些变化和发展。

新文化运动时期，围绕"健全的个人主义"，胡适对传统伦理道德规范进行了批判，矛头指向范围涵盖了愚孝问题、男女平等问题、女子问题、贞操问题、丧礼问题等，这部分对传统道德文化的批判将在后文具体展开。这一时期，胡适的"健全的个人主义"思想还体现在他对学生运动的看法上，胡适在《爱国运动与求学》等多篇文章中表达了自己对学生运动的看法和建议。他多次指出学生运动对学生自身的损害：容易使学生养成"依赖群众的恶心理""逃学的恶习惯"及"无意识的行为的恶习惯"。②他认为，正是因为"变态的社会"，"国民又没有正式的纠正机关"，于是"干涉纠正的责任就落在一般未成年的男女同学的肩膀上"③，这是非正常社会里不得已的事。针对社会上普遍流行的"牺牲主

① 胡适. 胡适说社会与文明［M］. 广州：广东旅游出版社，2014：11–15.

② 胡适. 我们所应走的路［M］. 北京：北京理工大学出版社，2016：152–160.

③ 胡适. 我们所应走的路［M］. 北京：北京理工大学出版社，2016：152–160.

义"思想，胡适告诫青年，牺牲的人虽是值得佩服，但"因为没有修养，纵然牺牲，也还是不能救国"。①同时，他引导青年学生应将注意力放在"学问的生活、团体的生活和社会服务的生活"上，在一个扰攘纷乱的时期，要立定脚跟，救出自己，接受教育，努力把自己打造成一块有用的东西。

进入20世纪二三十年代，面对国内政治腐败，知识分子"高谈主义而不研究问题"的情形，胡适不得不放弃当初"二十年不谈政治"的约定，逐渐从思想文化上探寻革新我国政治的思路转向对政治制度和政治活动本身的批判。从"二十年不谈政治"到不得不谈政治，胡适也感叹自己走上了"我的歧路"。这一时期，针对国民党"一党专政"对国民人权的侵犯，胡适陆续写下《人权与约法》《思想革命与思想自由》《我们走那条路》《民权的保障》《新文化运动与国民党》等文章，强烈谴责国民党一党专政，开展了维护人权运动。胡适的自由主义思想也是在与国民党激烈的争论中逐渐明晰并坚定的，后来发表的《个人自由与社会进步》《自由主义是什么》《我们要我们的自由》《容忍与自由》也延续了自由主义（或个人主义）的基本态度和立场。对人权的维护体现了胡适对个人生命、价值和尊严的捍卫和守护，在这一方面，胡适主要从以下方面做了努力。

一方面，从现实出发，强烈谴责了国民党侵犯人权、摧残自由的专制行为。胡适指出国民党所谓"训政"实际上侵犯了言论自由、出版自由和思想自由等基本人权，"异己便是反动，批评便是反革命"是对民意和自由的亵渎。②民意没有正常的申诉渠道，自然就只剩快意的怨愤和恶意的丑诋了。胡适指出，思想自由、言论自由和出版自由不仅是国家发展学术的基本要求，也是改善政治的必要条件。因此，他呼吁国人应争取自

---

① 胡适. 我们所应走的路［M］. 北京：北京理工大学出版社，2016：18-23.

② 胡适. 胡适说社会与文明［M］. 广州：广东旅游出版社，2014：29-31.

由，除了对国家问题善意的批评和讨论外，还要做政府和政党的指导和监督①，督促其制定约法，健全法制，保障人权。

另一方面，从正面着手，揭示"思想自由和社会进步"的相互影响关系，进而论证思想自由的重要性和必要性。胡适赞同张熙若先生所言的"养成忠诚勇敢的人格在任何政制下都是有无上价值的"，认为这种"忠诚勇敢的人格"是社会进步的最大动力。19世纪的维多利亚时代正是基于自由思想和独立精神才产生了诸多伟大的文明，才诞生了众多伟大的时代精英。如果个人没有自由，思想不会改变，社会也无从进步，所有的社会革命和改革活动更不会成功，"一个新社会、新国家，总是一些爱自由、爱真理的人造成的，决不是一班奴才造成的"②。他回应那些怀疑和嘲笑西方文明人："我们去维多利亚时代还老远哩。我们如何配嘲笑维多利亚时代呢！"③

那么，胡适的这种个人主义又是从哪里寻得？他给出的答案是"易卜生主义"。

2.易卜生主义

亨里克·约翰·易卜生（Henrik Johan Ibsen，1828—1906），挪威剧作家、诗人，现实主义戏剧的创始人，被誉为"现代戏剧之父"。虽然易卜生早年和晚年的著作不都是写实主义，但他鼎盛时期的文学（《尺牍》第一五九号）及人生观无不是为了写实。

1918年，胡适在《新青年》发表长篇论文《易卜生主义》，将个人主义思想正式引入我国。从胡适论述"个人主义"的相关文章来看，《易卜生主义》占据着重要地位。胡适在《介绍我自己的思想》一文中精选出22篇文章作为《胡适文存》前三集思想的代表，其中论及"健全的个人主

---

① 胡适. 胡适说社会与文明［M］. 广州：广东旅游出版社，2014：29-31.

② 胡适. 胡适说社会与文明［M］. 广州：广东旅游出版社，2014：11-15.

③ 胡适. 胡适说社会与文明［M］. 广州：广东旅游出版社，2014：11-15.

义"的3篇就包括了《易卜生主义》。在胡适看来，易卜生主义不仅是个人主义的典范，也是欧洲19世纪个人主义思想的代表。《易卜生主义》介绍了易卜生就社会种种问题的批判和分析：易卜生批判了家庭里的四种大恶魔——自私自利、奴隶性、假道德、怯懦，分析了社会的三大势力——法律、宗教和道德的产生与关系，也剖析了历史发展演变中个人与社会的关系。其中提到的重要戏剧，包括反映家庭道德问题的《娜拉》《群鬼》，以及阐析社会与个人关系的《社会的栋梁》《博克曼》《国民公敌》《尺牍》等多部。

　　虽然易卜生与胡适所批判的对象与目的不尽相同，但二者所批判的社会都包含制度、风俗、道德、法律等内容。易卜生抱着讲真话的态度，对资产阶级社会中的保守、腐败、落后行为进行了批判，胡适同样对传统封建社会道德进行了揭露，二者都将矛头指向了扼杀个人独立精神和自由意志的社会势力。因此，在对社会势力的批判上，易卜生主义具有超越时空的一般意义，这也正是胡适引介易卜生主义的原因和目的所在。

　　在个人与社会关系上，胡适认同易卜生的"社会最大的罪恶莫过于摧折个人的个性"的判断。易卜生在多部戏剧中讲述了社会对个人的损害，揭露了坏的社会是如何摧折、压制，甚至消灭个人的独立自由精神的。败坏的社会要求个人"顺我者生，逆我者死"，奉承社会的人，"升官发财，安富尊荣"，反对社会的则遭受"家庭的责备，朋友的怨恨和社会的侮辱驱逐"，最终会像博尼克那般渐渐被社会同化，不得不回去旧社会中继续做"社会的栋梁"。①易卜生呼吁人们应像《国民公敌》中思铎曼医生那样，即使面对成为国民公敌的危险，也"威武不能屈"，敢说真话，敢于揭露和攻击社会的腐败，做一个实事求是、敢说真话的人。

　　至于如何解决败坏社会的种种问题？易卜生指出社会问题纷繁多样，没有能"包治百病"的灵丹妙药，因此，他只负责揭露，呈现病症，治病

---

① 胡适. 读书与做人［M］. 广州：广东旅游出版社，2014：135-148.

药方还需个人寻得。但他提出了解决问题的"积极主张"——一种真实纯粹的为我（你）主义。而如何发展这种个人主义，胡适认为有两个条件：一须"个人有自由意志"；二须"个人担干系，负责任"。[①]一个人要有独立自由意志，享有个人权利，并能承担个人责任，对他人、社会负责任，才能造就自己独立的人格。一人如此，一家如此，一国更如此。因此，胡适极力鼓励人们应像娜拉和思铎曼医生那样，面对家庭和社会舆论的摧残，也敢于讲真话、做自己，时时刻刻与败坏的、肮脏的社会做斗争。每个人有了独立、自由、健全的人格，社会国家才有进步和发展的希望。

（二）"社会不朽论"：小我与大我

胡适的"健全的个人主义"还涉及人生目的、意义、过程及个人与社会关系等范畴。胡适在《介绍我自己的思想》中提及人生观方面的多篇文章，其中《不朽——我的宗教》着重阐述了胡适的宗教观。胡适认为社会延续有两个条件：从纵向看，社会由前人影响形成，无数前人的影响构成了现在的我们，现在的我们的作用和影响又将构成未来无数的人，即"个人造成历史，历史造成个人"；从横向看，无数个人分工合作造就了社会，但个人的生活无论如何也脱离不了社会，有什么样的社会就有什么样的你和我，即"个人造成社会，社会造成个人"。以上内容也就是胡适的"社会不朽论"。

在阐释自己人生、宗教观之前，胡适首先对影响国人思维的传统"不朽说"进行了批判：一是"灵魂不朽"；二是《春秋左传》的"三不朽"，即立德的不朽、立功的不朽和立言的不朽。关于"灵魂不朽"，胡适经由佛教徒、基督教徒，最后成为彻底的无神论者，有神无神的问题对于胡适而言已没有太大影响，所以基本构不成问题。关于"三不朽"，

---

① 胡适. 读书与做人［M］. 广州：广东旅游出版社，2014：135-148.

胡适指出，"德"是个人的人格、道德价值，如孔孟、耶稣，人虽已逝，但世人受其道德精神感化，千百年后仍敬爱信仰，此为"立德的不朽"；"功"指个人事业的价值，如哥伦布、华盛顿等人，发现未知，铸造国家，开辟新纪元，这些人自然功德无量，属于"立功的不朽"；"言"便是语言著作的价值，如杜甫、莎翁、柏拉图、卢梭、牛顿等大家，无论是诗文、戏剧还是新学说，都能鼓舞后人，影响后世，这便是"立言的不朽"。总而言之，这"三不朽"不关乎灵魂，仅看一个人的人格、事业和言语是否有价值。胡适认为这"三不朽"要比"灵魂不朽"好很多，但仍存在三个缺点：第一，不朽的人极少数。世上能有无量的道德、功业和著作的人是极少数的，对于芸芸众生而言，信仰并践行的可能性不大。第二，单从积极一面着想，没有消极裁制。三不朽只从正面倡导人们应该干什么，但没有讲不立德、不立功、不立言，甚至犯罪了会怎样，没有消极制裁自然无法产生义务感和责任感。第三，"功、德、言"范围含糊。哥伦布发现美洲是立功，但那船上众多水手、火夫、船夫又算什么？他们的工作是否可被称作"事功"？"立德、立功、立言"界限含糊，缺乏现实的指导性和操作性。

由此，胡适提出了"社会不朽论"。我作为"小我"与社会相互作用，从前的因和其他社会势力造成了现在"我"这个果，而"我"这个果，加上种种从前和现在的因，又会造成无数将来的"小我"。这一代传一代，一点加一滴，连绵不断，滔滔不绝，便形成了一个"大我"。"小我"会灭，"大我"永不灭，"小我"会死，"大我"永不死，这就是胡适的"社会不朽论"。[①]

因为"大我"不朽，故一切"小我"，"一言一笑，一个念头，一场功劳，一桩罪过，也都永远不朽"。那影响古今的道德人格可以不朽，那芸芸众生的"庸言庸行"、嬉笑怒骂也不朽；有伟大功业的哥伦布不朽，

---

① 胡适. 人生有何意义 [M]. 北京：北京理工大学出版社，2016：44-53.

那同船的水手、火夫、机械维修工人及影响他读书造船的父母祖辈等都是不朽的；那精英志士可以不朽，那烧水、擦背、淘粪、倒马桶的同样永远不朽。功能无量的不朽，"遗臭万年"的也不朽，吐一口痰也有不可知的恶果，积极的不朽，消极的也不朽。

真正的不朽不是个人的不朽，而是社会作为"大我"的不朽。因此，我们所追求的人生应是这个社会"大我"的不朽，我们应对"大我"无穷的过去及未来负责，能时时刻刻想到不辜负那无穷的过去，不贻害那无穷的未来。

可以看出，胡适的"社会不朽论"思想与他的"健全的个人主义"有着密切关系。胡适所倡导的"健全的个人主义"，首重自立，要使"个人有自由意志"，不仰人鼻息。之后要使"个人担干系，负责任"，对自身和社会负责，为社会服务，贡献社会。胡适认为个人要发展自己，要做到不依赖别人，生成自主自由的人格，这样才能做一个自认是非、自决取舍的独立的人，才不会随波逐流、人云亦云，才会对自己和社会尽应尽的责任。而社会也应当保护人的个性发展，因为"社会最大的罪恶莫过于摧折个人的个性"。显然，"健全的个人主义"是"社会不朽论"价值观的具体体现。"社会不朽论"一方面强调个人个性，凸显个人的价值；另一方面强调"小我"是会消亡的，但由无数"小我"汇聚而成的"大我"是永远不朽的，无数个人通过由个人组成的社会这个团体才会不朽。因此，胡适一方面强调个性独立；另一方面强调个人要对社会负责。这样社会"大我"才会不朽。

从胡适的"社会不朽论"来看，我们不难发现其对胡适育人思想的影响，可以说，正是这种实验主义的价值观，才形成了胡适的"健全的个人主义"的育人目的和渐进主义的育人方式。改造个人才能改造整个社会，欲救国先救民，改造国民性，培育新人，才能"造不亡之因"。而对人的改造更离不开对造成"小我"的种种他种势力的改造，社会制度、道德、习俗都是批判和改造的对象。同样，无数"小我"才能改变社会"大我"，只有通过一代一代，一点一滴的方式，才能达到改变社会的目的。

（三）"科学作为最低限度的信仰"：自然主义人生观

"科学"作为五四时期最为响亮的口号之一，也是胡适育人思想中最重要的一部分。在此，我们不再详述"科玄论战"的始末，以及胡适在论战中所倡导的科学观，还有他在"科玄论战"中为树立科学精神所作出的贡献等内容。这些内容已有大量研究，不再赘论，只需知道科学作为如今我国民众基本文化观的事实，曾是胡适等一代精英努力奋斗的结果。现在我们需从正面揭示胡适当时为什么要提倡科学？它的主要含义是什么？它对当时中国的育人思想有何实际意义？又发挥了哪些作用？胡适与陈独秀曾遭人批评，称他们既不是什么科学家，也不懂什么具体的科学知识，根本不配谈论科学。这些批判者可以说根本不知道新文化运动所提倡的科学为何物，仅仅将科学单纯地理解为自然科学学科，或是科学家在实验室中进行的科学研究工作。很显然，这样理解科学的话，那基本上没几个人有资格谈论科学了。

胡适等人所提倡的科学不是具体实指的科学学科或科学工作，而是一种科学精神。这种科学精神是从事任何职业的人都该具备的基本素质，即要有实验主义的态度，坚持实事求是——发现事实、研究事实、证明事实。那么，胡适等先贤为何要提倡科学精神呢？

其一，是为了革除千年积习恶俗。反对迷信、空谈、盲目自大、故步自封、不重调查、知足享乐、阿Q心理等，显然，要祛除国民身上的旧习劣根，自然需要科学精神和科学态度，而这些科学精神和态度并不一定需要懂得物理学、化学、量子力学等科学知识。

其二，胡适提倡科学精神，是为矫正传统一味注重心性修养的弊病，试图借助科学的力量，造福人类。胡适曾明确提出，国民性改造的对象主要是五大恶魔——贫穷、疾病、愚昧、贪污、扰乱，而科学才能切切实实增加生产和财富，真正提高国人的生活水平，从根本上铲除这五大仇敌。

用胡适的话来说："人生的目的是求幸福。"①乐利求实才是人生应追求的目标。

明确了科学对人生幸福的作用后，胡适谴批了传统伦理道德对人性的压制与扼杀。如理欲之辨，理学家让人灭绝人欲，服从那个悬置的"天理"，这本身就是反人道的。胡适认为世俗生活、饮食男女、吃穿住行，都是合理追求，为了整体社会群体的运行，一定程度上调整和节制人的欲望和需求是合理的，但并非要"灭人欲"。胡适指出，除了本身有宗教信仰的圣徒可以做到灭欲，其他整日鼓吹灭人欲的人，其实都是"挟天理之名灭百姓之欲"，他们真正的目的是在限制百姓需求的谎言下最大限度地满足自身欲望。那些让别人节欲的富人，却妻妾成群；那些号召清洁廉政的官员，却贪污腐败，所谓"存天理，灭人欲"不过是欺瞒世人的口号。

尤其是"一战"后，东方文化勃兴，出现了"西方没落"的说法，国内文化保守主义泛起。梁启超旅欧后所著《欧游心影录》，描述了西方世界的不足和东方文明的优越。梁漱溟的《东西文化及其哲学》从文化上力倡东方文明的超前性，努力复兴我国传统文化。20世纪初的科玄论战更是涌现出一批传统文化的捍卫者，他们极力证明中国文化，尤其是宋明理学具有提高西方科学理性限度的价值。国际上，启蒙运动以来世界战争局势的发展使西方物质文明受到了严重的质疑，在这样的大背景下，一种"东方文化救世论"席卷欧洲，诸多西方人纷纷来东方寻找拯救西方的东方药剂，如杜威（1919）、罗素（1920）、杜里舒（1922）、泰戈尔（1924）等，无不对中国文明颂扬赞叹。与此相应，我国国内"西方破产论""科学破产论"甚嚣尘上。

胡适批评了以上说法，指出精神必以物质为基础，提高人类物质的享受、便利和安逸，都是为着解放人类的能力，使他们在生存之外，可

---

① 胡适. 胡适说社会与文明［M］. 广州：广东旅游出版社，2014：116-125.

以有余力去满足精神上的要求。①胡适坚决地否定了"西方文明破产"的说法，认为这不过是自欺欺人，是满足百年来受尽屈辱硬撑面子的心理。他说东方的圣人看着人们忍冻挨饿，不去想办法解决问题，却把"乐天""安命""知足"等催眠药给他们吃，这是自欺欺人，就如西方寓言里那只吃不到葡萄却说葡萄酸的狐狸一样。

在胡适看来，这种忽略物质的所谓"安贫乐道"，根本不是什么精神文明，它遏制追求，滋养懒惰、依赖、迷信、知足等恶习，最终只会使人走向愚昧。胡适指出，物质文明和精神文明并非此消彼长的二分关系，而是文明的两个方面，是相互统一、彼此依存的，物质文明的发展是精神文明进步的基本前提。追求知识和真理本身就是精神文明的重要成分，而科学正是探寻知识的手段。当西方社会千方百计地发展科学、探索真理之际，我国圣人却以"无知无欲"来教化大众。胡适指出，这个时候中国正是需要奋起直追，国人应该理性思考，应赶快从心性修养的传统中解脱出来，关注现实世界，发展科学，才能创造出真正的物质文明和精神文明。

在一系列争论之后，胡适在《科学与人生观》一书的序言中明确了对我国文化的基本态度和立场，即我国文化的发展既不能靠文化保守主义，也不能寄希望于"中西调和论"，只有用科学精神改造国民性，"拿'科学的人生观'做人类人生观的最低限度"②，才能真正解救我国和我国人民。为此，胡适提出了他的新人生观——"自然主义人生观"，具体如下。

第一，根据于天文学和物理学的知识，叫人知道空间的无穷之大。

第二，根据于地质学及古生物学的知识，叫人知道时间的无穷之长。

第三，根据于一切科学，叫人知道宇宙及其中万物的运行变迁皆是自然的，用不着超自然的主宰或造物者。

---

① 胡适. 胡适说社会与文明［M］. 广州：广东旅游出版社，2014：116–125.

② 胡适. 人生有何意义［M］. 北京：北京理工大学出版社，2016：26–27.

第四，根据于生物科学的知识，叫人知道生物界生存竞争的浪费与残酷，叫人更可以明白那"有好生之德"的主宰的假设是不能成立的。

第五，根据于生物学、生理学、心理学的知识，叫人知道人不过是动物的一种，他和别种动物只有程度的差异，并无种类的区别。

第六，根据于生物的科学及人类学、人种学、社会学的知识，叫人知道生物及人类社会演进的历史及演进的原因。

第七，根据于生物的及心理的科学，叫人知道一切心理现象都是有因的。

第八，根据于生物学及社会学知识，叫人知道道德礼教是变迁的，而变迁的原因都是可以用科学方法寻求出来的。

第九，根据于新的物理化学的知识，叫人知道物质不是死的，是活的；不是静的，是动的。

第十，根据于生物学及社会学的知识，叫人知道个人——"小我"——是要死灭的，而人类——"大我"——是不死的，不朽的；叫人知道"为全种万世而生活"就是宗教，就是最高的宗教；而那些替个人谋死后的"天堂""净土"的宗教，乃是自私自利的宗教。①

二、真假个人主义辨析

要理解胡适的"健全的个人主义"内涵还需深入了解胡适对真假个人主义的认识。针对当时社会上普遍流行的新村运动，胡适于1920年1月发表了《非个人主义的新生活》，一方面否定和批判了当时青年所提倡的"个人主义的"新生活，另一方面提出了改造社会的"非个人主义的"新生活。首先，胡适以杜威的"真假个人主义"为例，将个人主义分为两类：第一类，"假的"个人主义，即"为我主义"（Egoism），本质是自

---

① 胡适.人生有何意义［M］.北京：北京理工大学出版社，2016：27.

私自利。第二类，"真的"个人主义，即"个性主义"（Individuality）。它包含两个方面：一是独立思想，不肯把别人的眼睛当眼睛，不肯把别人的耳朵当耳朵；二是个人对于自己思想的结果要负责任，只认真理，不认得个人的利害。①

胡适指出，"为我主义"实际危害不大，因为大多数人还是认为这种"主义"存在明显弊病，因此，它也造不成多大的危害。但除了杜威主张的真假个人主义外，还有一派却是具有危险的"独善的个人主义"。持"独善的个人主义"的人有两个基本观点：第一，所在社会已无法挽救；第二，力图寻求现在社会之外的一种独善生活。胡适指出，这种"主义"自古就有，大致可概括为四类：①宗教家的极乐国，如佛家净土、犹太人的伊甸园、基督教的天国等，这些思想源于对社会的不满，故追求那些净土、天国。②神仙生活，也是脱离人世疾病、痛苦、愚昧、不自由的超现实生活。③山林隐逸的生活，虽不同于前二者完全出世的生活，但也是一种虚无缥缈、脱离世俗的生活。这些追求隐逸生活的人厌恶污浊的社会，痛恨富人的骄奢淫逸，鞭挞不劳而获的"吃白阶级"，但无力改变，只能隐姓埋名，遗世独立，追寻理想中的"梅妻鹤子"。④近代新村生活，新村生活不像山林隐士那样与世俗生活完全脱节，他们不但有组织，而且可以著书立说，但二者都是出于对现实社会的不满所为。胡适认为，新村运动以"人个性的发展"为中心，可以视为"个人主义"，并要求在世俗社会之外独自发展个性，因此可视作"独善的个人主义"。

自然，胡适是反对这种"独善的个人主义"的新生活的：第一，这种生活是避世的，不是奋斗的。第二，这种生活在古代有其存在的依据，但在现代，"人人有事可做，人人是无冠的帝王"，并不是非得"得君行道"的人才能做的。第三，"泛劳动主义"是不经济的。人人应该劳动的生活否定了社会分工协作的道理，对整体社会发展而言是极不经济的。第

---

① 胡适. 胡适说社会与文明［M］. 广州：广东旅游出版社，2014：72-73.

四，将"改造个人"与"改造社会"分别看待，认为个人的发展可以脱离社会。但从根本上讲，个人是各种社会势力作用的结果。胡适以社会上的"良好分子"为例，指出这些人并非自然形成，也非传统心性修养而成，而是因为造成"良好分子"的种种社会势力中良好的势力要比不良的多；反过来，那些"恶劣分子"的形成自然是因为形成他们的社会势力中不良的势力比良好的多。胡适进一步指出，古代哲学中试图通过修养心性、改造个人，进而达到"修齐治平"目的的改造思路纯粹是凭空妄想，这种改造思路其实是社会专制制度压制之下的无奈之举，是没有办法的办法。胡适指出："改造社会的下手办法在于改良那些造成社会的种种势力——制度、习惯、思想、教育，那些势力改良了，人也改良了。"[①]因此，"改造社会要从改造个人做起"这种育人思路延续了"人心风俗"的传统思路，从根本上是错误的。

胡适得出结论：个人是社会无数势力造成的；改造社会须从改造那些造成社会，造成个人的种种势力做起；改造社会就是改造个人。"非个人主义的新生活"是站在这个社会里奋斗的生活，是霸占住这个社会来改造这个社会的新生活。[②]首先，要承认人是种种势力造成的，改造人就是要改造社会。其次，改造社会的人要保持研究的态度，切切实实做好调查，发现问题，大胆假设，小心证明。通过解决生活中一个个具体的问题，社会的改造才能一步步更新。最后，这种生活是要奋斗的。对于社会的种种恶势力，我们切不可偃旗息鼓、拱手相让，而要在这个旧社会中进行正当的奋斗。我们要的新社会就在所在的旧社会里，我们所追寻的新村就在旧村里，我们所追求的新生活就是由那个旧生活改变而来的。

① 胡适. 胡适说社会与文明［M］. 广州：广东旅游出版社，2014：76-77.

② 胡适. 胡适说社会与文明［M］. 广州：广东旅游出版社，2014：77.

第三节 健全人格的具体表现

上文已详细论述了胡适所育国人的理想形象，即具有健全人格的人。接下来，我们需要进一步明确具有健全人格的人的具体表现和特征，唯有如此，才能明晰胡适所育理想国民在实践中的具体样态，才能为教育培育方案提供具体的实践操作路径。在《新思潮的意义》《少年中国之精神》《新生活》及《人生有何意义》等著文中，胡适首先批判了当时社会上影响很大的几种人生观：第一，醉生梦死的无意识生活，这种人生观的害处无须赘言，多是害人害己的地方；第二，退缩的人生观，如求佛拜神、静坐养性、坐禅学佛的人，都是消极躲避；第三，野心的投机主义，这种人为一己之私，不惜损害他人人格以满足自身需要，在自身利益面前，不惜作假、作恶，危害公众利益以达到自己的目的。通过对社会上种种"人生观"的批判，胡适重申了"健全的个人主义"所蕴含的精神内核，他认为具有健全人格的人应有独立批判态度、自由探索精神和进取协作观念。具体而言，包括以下三点内涵。

一、"重新估定一切价值"：须有独立批判的态度

胡适认为，任何个人和社会都容易习惯行事，事事习惯性去做，全然不知为何如此，这样的社会便成为毫无新意的社会。何以改变这机械的习惯，首要便是要有独立思考和批判的精神。

"独立"是现代人的首要标志。胡适首先阐释了"独立"的具体内涵。他认为，一个具有健全人格的人首要的特征是有独立思想，"不肯把别人的耳朵当耳朵，不肯把别人的眼睛当眼睛"[①]，敢对一切现存制度、

---

① 胡适. 胡适说社会与文明［M］. 广州：广东旅游出版社，2014：72.

习俗、文化、规范心存疑问，敢于独立说话，独立做事。只有个人具有独立选择的权利，才能造就出独立的人格，造就独立的民族国家。而"独立"的基本要素便是自尊、自信，拥有自尊、自信人格的人，不会因他者的褒贬、喜恶而人云亦云、变换态度，也不会因外在周遭利弊而妥协逐流。

胡适指出，独立是人生而具有的神圣权利，是不可剥夺、不可转让的。人生而不同，人可以有外貌特征、天然禀赋及财资俗物的差异，但没有高低贵贱之分，特殊低级之别。因此，人有权自由表达意志，自由发展自身才智和能力。胡适认为，我国传统家族本位的宗法社会造就了无数奴性、盲从、依赖的国民，国人自古不知"独立"为何物，因此，当今救治之策唯有提倡独立。个人发展好自己就是为国家做贡献，个人成材成器，才能真正担负起社会责任。人在世间最不应该放弃的就是自身的独立思想和自由意志，不然，在任何社会只配为臣、为奴、为鱼肉。

胡适认为，所谓批评的精神也没有多高要求，仅是在做任何事、说任何话之前都问一句为什么这样做？为什么不那样做？在《新思潮的意义》一文中，胡适详尽解释了何谓批判的态度。他将20世纪初发生的所有新思想、新文化、新思潮都归纳为一种新的态度——"批判的态度"。批判的态度要求面对一切制度风俗、圣贤教训及社会上公认的行为、信仰时，都要重新问一问是否还有价值，是否还有更好、更有益、更有理的其他做法。总而言之，批判的态度可解释为八个字——"重新估定一切价值"。比如从前以女人小脚为美，现在不但不以"小脚"为美，反而觉得其"惨无人道"；从前店家都以鸦片敬客，现在鸦片变成了禁品；从前的康有为是先进的维新党，现在却被人称作老古董。①社会变了，评估的人变了，标准变了，故而价值也变了，这就是所谓"重新估定一切价值"。正是秉持这一种批判的精神和态度，归国后的胡适坚持独立思考，重新审视、批

---

① 胡适. 胡适说社会与文明［M］. 广州：广东旅游出版社，2014：83.

揭了当时社会的诸多问题。他整理国故，倡导文学革命，讨论贞操问题，评论旧戏，审视女子问题等，都是为了估定这些问题、制度、习俗在当今社会还价值几许。

胡适还指出，批判的态度在实际中有两种表现：一是要"研究问题"，重新审视社会上、政治上、宗教上的种种问题；二是要"输入学理"，介绍西洋的新思想、新学术。研究问题是因为传统社会道德制度风俗，因不能适应时事需要，渐趋演变为一种困难的问题，不得不重新拷问、研究和解决，如孔教的问题、文学革命的问题等。那为何要输入学理？输入学理的必要有多层解释，在胡适看来，研究问题不能仅就问题本身来研究、来讨论，须将问题引申至问题意义的层面，因此，输入学理有益于问题的研究。在批判态度和精神的具体表现方面，胡适倡导"应在研究问题之中做介绍学理的事业"①。

二、"造就有意思的新生活"：须有自由冒险的精神

积极的人生观还要求人们具备自由冒险的精神，去造就有意思的新生活，去追求现代人的新生活。何谓有意思的新生活？在胡适看来，像那些闲着没事，喝酒、打牌、耍酒疯之类的，做完也说不出为什么的"糊涂生活"，就是没有意思的生活。而做完一件事能回答出究竟为什么便是有意思的生活。生活的"为什么"就是生活的意思。要实现这种生活并不难，只需每时每刻问个为什么，如此便达到有意思的新生活标准。

造就有意思的新生活需要有自由冒险的精神。胡适首先界定了自由的内涵："自由"即"由自"，指不受外力，自己做主，等同于"自然""自己如此"。在《我们要我们的自由》一文中，胡适明确提出自由包括思想自由、言论自由、出版自由，它们"是一国学术思想进步的必

---

① 胡适. 胡适说社会与文明［M］. 广州：广东旅游出版社，2014：85—86.

要条件，也是一国社会政治改善的必要条件"①。"自由"具有与生命同等，甚或更为重要的价值和意义，是人类精神之生命。没有自由的人绝不可能成为符合现代社会文明的现代人，没有自由的学术和社会也会停滞不前，甚至退化。思想自由是一切自由之渊薮，是社会文明进步之根本。

胡适认为当时我国政治自由的缺失是造成中西方国民品性差异的根本原因。胡适肯定并认同我国历史上存在自由主义的传统基因，他列举了从老子、孔子以来我国历史上争自由的急先锋，古人"民为邦本"等思想也包含着朴素的民主因素，他一再论证我国政治、社会史的每一个时代都有争取某种解放的意义。但胡适遗憾地指出，过去几千年我国始终没有解决民主政治的问题，"所以始终没有走上建设民主政治的路子"②。在民治制度训练下，公民才能变成好公民。公民若没有执行政治的权利，永远得不到训练，永远不能成为好公民，因此，胡适断定"只有民主的政治才能够保障人民的基本自由"③。他在国内极力倡导政治自由（民主政治）的观念，认定只有实现民主政治才可以解放全民族的精神，凝聚全中国力量，实现民族国家的独立，造就独立自由的现代国民。

那么，如何获取并保障思想自由？如何造就有意思的新生活？胡适指出，人们需要知道所生存的世界是不安全的，缺点、痛苦很多，需要来补救和减少。如想做个人，便不能贪图自在，要想拥有一个有意思的生活，便不能不去冒险。"这个世界是给我们活动的大舞台，我们既上了台，便应该老着面皮，硬着头皮，大着胆子，干将起来；那些缩进后台静坐的人都是懦夫，那些袖手旁观只会看戏的人，也都是懦夫。"④自由需要个人的奋斗和监督。民权不是君主赐予和法律授予的，而是无数的先知奋斗力争来的，是

---

① 胡适. 胡适说社会与文明［M］. 广州：广东旅游出版社，2014：30.
② 胡适. 容忍与自由［M］. 北京：北京理工大学出版社，2016：18.
③ 胡适. 容忍与自由［M］. 北京：北京理工大学出版社，2016：18-19.
④ 胡适. 我们所应走的路［M］. 北京：北京理工大学出版社，2016：149.

用血书写在法律条文上去的，是靠着无数人监督才保障得住的。①没有长期自觉的奋斗，个人绝不会从社会那里夺得应有的基本自由和权力。而若没有维护和保障自由意志和独立精神的习惯，那些获得的自由也不过是无法落地的一纸空文。因此，中国人民要改变以往为世不争、温顺圆润的处世之道，要努力争取自由，要敢于对国家问题作善意的批评和讨论，要督促政府和政党制定约法，健全法制，保障人权，这样国家和社会才可以取得发展。

胡适对国人自由冒险精神的鼓励，在"好人"身上体现得尤为突出。胡适深信，近代中国之所以败坏到如此地步，虽然有种种原因，但"好人自命清高"是不可忽略的原因之一。因此，他猛烈批判了社会上存在的"独善的个人主义"的风气，认为社会政治的革新与改革，第一步便在于"好人"的奋斗精神。胡适指出，民国初元的新气象正是因为优秀分子参与推动的结果，其后国内政治恶化、军阀横行、国土分裂、国家不断破产也有"好人"袖手旁观、消极被动的原因。胡适悲痛欲绝地向中国的"好人"呼喊："够了！罪魁祸首的好人现在可以起来了！"②此外，胡适的"有意思的新生活"思想还体现在对青年学生的引导和鼓励上。他在《爱国运动与求学》等多篇文章中，批判学生参与群众运动，指出学生运动容易使学生养成"依赖群众""逃学"及"无意识行为的恶习惯"③。他鼓励并引导青年学生开展真正有意义的生活，去过"学问的生活、团体的生活和社会服务的生活"，努力将自己打造成一块真正有用的东西。

三、"把人人都看作同力合作的伴侣"：须有与社会协进的观念

自由进取并非自私自利。平等与自由是不可分割的统一体。胡适认同

---

① 胡适. 胡适说社会与文明［M］. 广州：广东旅游出版社，2014：220.

② 胡适. 胡适说社会与文明［M］. 广州：广东旅游出版社，2014：208.

③ 胡适. 我们所应走的路［M］. 北京：北京理工大学出版社，2016：152-160.

平等是人类之间"无所差等"的基本权利。公民作为独立人格的存在，有不受他人支配和不公对待的权利，这是公民的自由。但过度自由，势必造成对他人权利的侵犯和越界。因此，自由必然包含平等的因素，国民不但是独立性存在，而且是共生性存在。国民须保持自由意志，须享有不受侵犯和主宰的权利和自由，但这种权利和自由是赋予所有社会成员的权利与自由，并非某个或某类社会成员所特有。

胡适认为，世界既是给予个人活动的，也是给予社会集体的，社会和个人是相互影响的，是"小我"和"大我"的关系。从前的因、现在无数"小我"及其他社会势力造成了现在"我"这个果；而我这个果，加上种种从前和现在的因，又会造成无数将来的"小我"。这一代传一代，一点加一滴，连绵不断，便形成了一个"大我"。"健全的个人主义"明确提出，现代人必备的两个品质："个人有自由意志"和"个人担干系、负责任"。个人须在充分发展个性和独立人格的基础上，担负起服务社会和贡献社会的责任。于胡适而言，"改造个人"与"改造社会"是二而一的工程，一个个"小我"的完善和发展就是社会"大我"的完善与发展，社会"大我"的完善和发展就是一个个"小我"的完善与发展。

总之，社会影响个人，个人影响社会。一个人多说或少说一句话，多尽或少尽一份力，多做或少做一件事，社会便不再是如今的模样，这便是社会协进的观念——人人是社会不可或缺的一分子，人人是社会中通力合作的伙伴。具备与社会协进的观念，明白"社会不朽"的道理，个人自然不敢造那恶的因，自然尽力去为社会种那善的果，这就是现代人所需有的人生观。"把人人都看作同力合作的伴侣，自然会尊重人人的人格了。"①

简而言之，胡适所要培育的现代人是合独立性与公共性于一体的，兼具独立人格和公共责任的人。

① 胡适. 我们所应走的路［M］. 北京：北京理工大学出版社，2016：149-150.

第四章　何以育人：从单向育人到双向互动式育人

如何培育符合现代文明且具有独立、自由、责任精神的人？从以梁启超为代表的新民派到以鲁迅、胡适等为代表的新文化运动精英，提出了不同的育人路径。梁启超提倡办报纸、办学校、写小说，鲁迅主打文艺改造（尤其体现在小说方面）。无论方式有何不同，其共同之处都是强调先新人后新国，都是突出前者对后者的决定性影响，都属于单项的"思想革命"式改造。胡适早年在上海求学时期受此影响，也曾主张通过教育和小说等方式塑造新民，后逐渐走向社会与个人相互作用的"双向互动论"，尤其突出制度对个体的塑造作用，开始强调制度的育人价值。这一转变超越了以往思想家及早年胡适的育人思想，使胡适国民性育人思想取得了跨越式发展，也使胡适成为那个独一无二的胡适。

第一节 单向决定论：留美前胡适的 "思想革新" 式育人

一、20世纪初育人的基本路径

国人真正意识到国民素质问题是在戊戌变法之后，梁启超可谓是第一批代表人物。梁启超提出的育人思路是先新民后新国家，先唤醒社会精英，再通过社会精英唤醒昏睡的普通民众，最终使国人"一朝悔悟"，成为具有国家意识、公民精神的现代"新民"，具体途径包括办报纸、办学校、写小说等，其中尤其强调小说的影响力。

梁启超育人问题探讨之全面，研究之深入可以说在20世纪初无人能及，这也奠定了这一时期育人思想的基本思路："先更新国民性，后更新制度。"其后很多学人都很认同这个次序：个人组成社会，若每个人都得到更新，国家和社会自然会脱胎换骨。因为改变个人比革新整个国家要容易得多，这似乎成为精英们改造国民品性、救亡图存的共识。实质上，这是我国传统"思想革命"式思维，是"修齐治平"的儒家逻辑：欲齐家、治国、平天下，须先正心、修身。只要每个人"心正"了，于一家可齐，于一国可治，于天下自然可平。这种思路看似合理，但实际上是一种错误的逻辑。

梁启超之后，在育人问题上大作笔墨的当数鲁迅。梁启超虽较早提出"小说救国"，却没写多少小说、戏剧，真正将这一思路发挥得淋漓尽致的是鲁迅。经由鲁迅心无旁骛、艰苦卓绝的努力，"育人问题"才真正成为一个大问题，其学说影响之大、力度之深，近代以来无与伦比。

鲁迅从更深层次的文化思想上展开反思，主张通过与本国文化的彻底决裂来培育国民。其实，梁启超也意识到国民素质的好坏与文化有很大关联，他也承认良好的国民素质需要相应文化的支持和更新，但受成长经历和教育环境的影响，他对我国传统文化始终抱有浓厚的感情和不舍，在育人问题上，依然如晚清一代知识分子那样，坚持"中体西用"的思路，"淬厉其所本有而新之，采补其所本无而新之"。

而五四精英大多有过海外留学经历，对中西文化有更为深刻的认识。他们将国民的恶劣品性归咎于我国五千年文化，认为压抑的我国文化是所有问题的"原罪"，是传统社会制度的遗毒。鲁迅认为我国人许多精神体质上的缺点均源自可怕的"遗传"，并且中西文化是根本对立、不容结合的，只有彻底毁灭这种文化，中国才有可能浴火重生。陈独秀则认为中西文化"新旧之间，绝无调和两存的余地"，必须打倒孔家店，置之死地而后生。胡适则认为一个国家的文化习俗自有其惰性，向前一百步，总会后退五十步，他鼓励精英们只管努力向前，不必回头。五四精英坚信只有西方的科学、民主这两剂良药，才可祛除我国政治、道德、思想上的一切病症。五四精英将批判国民素质的矛头指向了那浩浩汤汤的五千年旧文化，进而从文化层面展开了全面的批判。

然而，鲁迅等人从文化领域培育国民的努力并未取得多少成效，国民的表现愈发恶劣。最为明显的是鲁迅对国民性的痛骂与批判越来越犀利、直接和无奈。鲁迅原本寄希望于青年学生，总以为青年胜过老年，即便我国文化罪孽深重，但随着西方文化的输入，青年人"血液里的昏乱"会逐渐祛除消散。然而，我国青年非但没有进步，反而更加糟糕。

这一事实证明了从20世纪初的新民派到五四精英所坚持的先新民后新国、先思想后制度的育人之路是行不通的。鲁迅在经历了"思想改造"的惊喜、怀疑、彷徨和苦闷后，最终在晚年放弃了"思想改造"路径，接受了"阶级革命论"。从批判国民劣根性，到依靠群众推动历史；从排斥政治革命与斗争到挥舞起"火与剑"进行革命斗争，批判国民恶劣品性的主力鲁迅所表现出来的巨大反差可以说是我国育人之路整体变迁的一个缩影，同时暗示了"思想革命"式改造实验在我国行不通。

二、"人的改造"：留美前胡适的育人路径

育人是胡适一生的重要课题。何以育人？在胡适看来，培育国民和实现人的现代化，须持持久的态度来看待，具体途径有教育、文学和民主制度，且三者应齐头并进。但从胡适育人思想的发展历程来看，随着对中西方文化不断深入的了解，胡适育人思想也不断成熟，其育人路径也逐渐由前期的"教育、文学"转向"教育、文学、民主制度"相结合的方式。后期的双向互动改造路径显然已成为胡适育人思想的最大特色。而留美前胡适育人的具体方式主要是教育、报纸和小说，这是一种单项式育人方式。

近代以来，提倡育人的改革家、教育家都十分重视教育对建设民主国家及培育现代国民的重要性。20世纪初，思想家对教育的方针、内容等进行了深入探索。在教育方针方面，他们批判了我国古代的奴性教育，号召培养具有国家权力思想、进取精神的新国民。在教育内容上，他们批判了以封建伦理纲常为核心的道德教化思想，主张学习西方自然科学、法律制度。在教育方法上，他们还批判了传统被动、灌输的教育方法，认为灌输圣人名言使学生缺乏独立见解和动手能力，提出采用西洋启发为主的教育方法。留美前的胡适同样重视教育，提出教育改造国民的设想。他指出，中国几万万同胞近百年遭此凌辱和浩劫，被外国列强奴役和压迫，根本在于国人的愚昧无知，这都是由于落后的教育造成的。同当时多数知识分子一样，胡适还主张通过办报纸、写小说等方式来革新国人思想、开发民智。

第二节　"双向互动论"：留美后 "制度与人"双向互动式育人

留美前，胡适的育人思路与新民派及鲁迅等人几乎一致，即先新民后新国。但留美后，胡适逐渐意识到这种"思想革命"式改造路径有很大问题："先新民后新国"就如先有了驾照而后才去摸汽车。胡适说，如果不先上车，怎能学会开车？

从清末开始，无论是政治制度改良问题还是国民性改造问题，主导者都以民众没有"驾照"而阻止其上车：清末执政者以民智未开为由拖延立宪，张勋以民心归旧而支持帝制，后期蒋介石更以"组织未备，锻炼未成"而坚持独裁。随着留美学习的深入，胡适逐渐由"思想革命"式"国民性决定论"转向"国民与社会相互作用的互动论"。在他看来，不是先育人后实现民主政治，或先新民后新国，而是要将改造人与改造社会制度结合起来，实现"制度与人"的双向互动改造。具体来说，也就是既要通过"教育与文学"对人进行改造，又要发展"民主制度"对社会进行改造。

一、人的改造：教育与文学

（一）教育

1910年，胡适留学美国。留学的七年正值美国资本主义发展的迅猛时期，长期的学习和观察使胡适对美国社会文化有了深刻的体悟。中西文明的鲜明对比引发了胡适的关注与思考。如何跨越中西文明之间的汪洋大海，抵达新文明的彼岸呢？胡适认为留学便是横渡中西文明大海的舟船，留学生则是掌管方向的舵员。但他也指出，留学只负责输入学理、学习新知，充其量不过权宜之计，而真正振兴国家、改造国民的根本在于教育，尤其是一国的高等教育。在胡适看来，大学象征着一国精神文明的高度，代表了一国学术教育的最高水平；一个国家最大的失败不是没有海陆空军，而是没有大学、图书馆、博物院。基于这一认识，胡适坚信改造国民性是我国走向世界的唯一途径，其方法就是靠教育。留美期间，他就表态："但求归国后能以一张苦口，一支秃笔，从事于社会教育，以为百年树人之计，如是而已。"①

1917年，胡适回到阔别七年的祖国。在《归国杂感》一文中，胡适描绘了初归国时国内教育界黯然萧瑟的景象。胡适发现国内中小学学堂皆存在种种弊病。在小学方面，学堂"课程完备"，"体操也有，图画也有，英文也有，那些国文，修身之类，更不用说了"，课程十足完备，但并不实用，尽是一些不切实用的英文歌、风琴课。胡适认为办学堂"尽不必问教育部规程是什么，须先问这块地方上最需要的是什么"，"这里最需要的是农家常识，蚕桑常识，商业常识，卫生常识"，而非"教他们做圣贤"的修身知识，也非用"20块钱风琴"教授的音乐知识。②在中学方面，胡适批判中学毕业的学生"竟成了一种无能的游民"，他认为这都是由于"学校里所教的功课，和社会上的需要毫无干涉"③。总的来说，胡适认为我国教育只是"文字教育""记诵教育""书房教育"④，完全脱离了教育对象的生活实际，这种教育"不但不能救亡，简直可以亡国"⑤。

但胡适是个乐观派，他认为我国现代化未成之日，正是教育发挥作用

---

① 胡适. 胡适留学日记［M］. 长沙：岳麓书社，2000：592.
② 胡适. 我的歧路［M］. 沈阳：万卷出版公司，2014：132.
③ 胡适. 我的歧路［M］. 沈阳：万卷出版公司，2014：133.
④ 胡适. 胡适全集：8卷［M］. 合肥：安徽教育出版社，2003：380.
⑤ 胡适. 胡适全集：1卷［M］. 合肥：安徽教育出版社，2003：593.

之时，因此，教育更应该得到国人的重视。归国后，胡适多次阐述"教育树人"的思想，他指出在一个发展程度低的国家，应大力发展教育以祛除民愚、开发民智。教育犹如一副近视眼镜，能够帮助人们更深入、更清楚地洞察社会和人身上的问题，教会人们如何思考，如何解决问题。在教育理念上，胡适坚持杜威"教育即生活"的理念，大力提倡平民教育，希望通过生活教育来提升国民素质。

胡适特别重视高等教育在人的现代化中的作用。他认为高等教育代表着一个国家的现代化水平，代表着一个国家人民精神发展的巅峰，对国家发展至关重要，培育国民尤其要发挥北京大学等国内顶尖大学的作用和功能。胡适一生三入北大，都曾立志"复兴北大"，振兴我国高等教育。1947年9月，胡适提出了"争取学术独立的十年计划"，主张在十年内，集国家财力资源，打造五所最好的大学，而后逐渐扩充到其他大学。胡适晚年提出的"国家长期发展科学规划"也基本延续了这个"十年计划"，希望立足大学来推动整体社会的发展。

在"教育造人"的过程中，胡适格外重视对青年人的教育。他认为当前我国社会整体受教育程度不高，仅有极少数人接受过教育，而青年人便是这少数的人，他们是建设国家和振兴民族的主力军。"中国的少年"应树立"批评的、冒险进取的、社会的人生观"，要勇于"重新评判一切价值"，敢于"造就有意思的新生活"。①胡适引导青年学生要将注意力放在"学问的生活、团体的生活和社会服务的生活"上，鼓励青年学生在一个扰攘纷乱的时期，要立定脚跟，救出自己，接受教育，努力把自己打造成一块有用的东西。

（二）文学革命

通过教育来启发民智是推动人的现代化不可或缺的途径，但"教育树

---

① 胡适．我们所应走的路［M］．北京：北京理工大学出版社，2016：150．

人"是一项长期的工程。为了直接而迅速地开民智、兴民德，近代启蒙家将矛头指向了影响国民风俗习惯和社会心理的民间文学，试图通过文学塑造新人。他们尤为重视小说的启蒙作用，梁启超指出："欲新一国之民，不可不先新一国之小说。"[①]鲁迅更是通过小说对国民恶劣品性进行了淋漓尽致的批判，最终使得培育国民成为近代我国学界的一大潮流。小说等民间文学通俗易懂、贴近生活，对于文化素质普遍偏低的国人来讲更易于理解和接受，收效快且显著。可以说，民间文学的兴起对改造国民性产生了很大的影响。

1.文学革命中的胡适

在胡适一生的事业中，"文学革命的领导者"这一头衔是永远值得骄傲的。在上海求学期间，胡适受当时文学思想的影响，在其主编的《竞业旬报》上发表了大量白话文以启迪民智、提倡民气；同时，他还呼吁国人多看报，多办演讲，通过报刊宣传来革新旧俗，祛除劣根。

对胡适来说，留美期间是其文学革命的真正孕育期。在《逼上梁山——文学革命的开始》一文中，胡适详细记录了留美期间如何一步步走上新文学道路。1915年9月17日，在送别梅光迪所作的长诗中，胡适首次使用"文学革命"一词，随后又提出了"诗国革命"的方案，继而发展为作白话诗文的尝试。立志于在文字语言方面下功夫的胡适认为，我国旧文学无病而呻、言之无物，有形而无神，有文而无质，严重阻断了教育的普及和国民的改造。因此，应以白话文代之文言文，以活的工具代之死的工具。长期的思考酝酿最终形成了那篇举世闻名的《文学改良刍议》，掀开了我国文学革命的序幕。

胡适在《文学改良刍议》中提出文学革命的"八不主义"，即作文"须言之有物""不摹仿古人""须讲求文法""不作无病之呻吟""务

---

① 梁启超. 饮冰室合集：文集之十［M］. 中华书局，1988：6.

去烂调套语""不用典""不讲对仗""不避俗字俗语"。①在进行反面批判后，胡适进一步从正面提出新文学应具备的要素："要有话说，方才说话"；"有什么话，说什么话；话怎么说，就怎么说"；"要说自己的话，别说别人的话"；"是什么时代的人，说什么时代的话"。②在极尽批判之后，他在《建设的文学革命论》中又从"立"的角度提出以真的、活的新文学代替假的、死的旧文学的主张。胡适将"建设新文学"概括为十字，即"国语的文学，文学的国语"。"国语的文学"针对的是文学的语言问题，主张用白话文代替文言文，构建国语的文学；其后才是"文学的国语"，即用文学的语言解决社会语言问题。后者才是胡适真正的着力点和目的。

2.文学在育人中的作用

首先，从形式上看，用白话文代替文言文，推动了教育的民主化和人的现代化。我国传统社会用"文言文"将社会割裂为两个明显对立的阶级，一边是用"白话文"的"愚妇、顽童、稚子"，一边是用"文言文"的"文人、绅士、知识阶级"，用"文言文"的知识阶级严重垄断了话语权，不仅影响了教育的普及，还割裂了社会整体。胡适肯定了文学改革的教育作用，新文学为教育提供了一种新的语言，一种能够被人民所理解的活生生的语言，极大地促进了教育的普及化发展。胡适一再举例英国、法国的例子，证明一种符合历史发展潮流和人民需要的新文学、新文化对于民族国家的现代化与人的现代化具有巨大的推动作用。在胡适看来，语言文字是人类思想最为重要的载体，语言的变革必会引发人类社会多方面的巨大变革。诚然，白话文学正发挥着这样的作用。在胡适看来，白话文学除了具有普及教育的功效，更为重要的是提供了一种易懂、通俗的语言环境，整合了社会，打破了阶级沟壑。可以说，以胡适为代表的文学革命运

---

① 胡适. 胡适文存：壹［M］. 北京：华文出版社，2013：6–13.

② 胡适. 胡适文存：壹［M］. 北京：华文出版社，2013：47.

动对我国的现代化进程作出了重要贡献，不仅促进了我国文学的现代转型，而且对传统国民思想道德的现代化产生了深远影响。文学革命主张用丰富、活泼、审美的语言代替那已死的文言，用文学的国语取代作为意识形态统治的官话，在很大程度上解放了被压迫的个性精神，促进了人的现代化。

其次，从内容上看，"人的文学"凸显了人的自然本性和生命价值。1917年，胡适连续发表《文学改良刍议》《建设的文学革命论》等重要文章，对旧文学进行了猛烈批判，呼吁建设一种新的现代文学。从具体内容来看，这是一场"人的文学"的革命。人的文学应将"人"置于文学的扉页，应尊重、欣赏人的天然本性和尊严价值，应摒弃所有形式上的教条和束缚，真实地描绘人的真实情感和思想。他批判了我国古代思想将神性视为人生的最终目的，将人性（人欲）视作洪水猛兽，力图将人的善美本性拉回人间，被世人承认和热爱。正是基于这样的认识，胡适将"文学"作为改造我国国民性的重要手段，塑造符合社会发展需要的现代国民。

最后，胡适尤为重视诗、戏剧和小说的地位和作用。在新诗方面，胡适本人也创作了大量白话诗，并以《尝试集》为名结集出版。他在内容上主张用白话作诗，在形式上主张"解放诗体"，不对诗的体裁作规定和限制。只有打破那些束缚精神的镣铐枷锁，才能产生新思想、新精神、新气象，才能反映社会现实，展现民众需求，获得更广泛的受众、更长久的传播。胡适同样重视小说和戏剧的作用，将与民众生活紧密相连的戏剧和小说视为启蒙民众的重要途径。其中，胡适尤为赞同白话小说"化民成俗"的作用，他甚至将文学革命的成功归功于白话小说："我应该说，文学革命成功最重要的因素，便是那些传统小说名著《水浒传》《西游记》《三国演义》，以及后来的讽刺18世纪中国士子的小说《儒林外史》等名著已为它打下了坚固的基础。"①

---

① 胡适. 胡适口述自传［M］. 桂林：广西师范大学出版社，2005：167.

当然，胡适对传统文学的批判源于特殊的环境背景。20世纪初，我国传统文学的体裁与主题已日趋僵化，那些陈词滥调、无病呻吟已无法满足社会需要，也无法表达人们的情感，传统文学已然成为一种压抑个性与自由的高压手段。在这种背景下，文学革命运动就有了重要的意义。

总而言之，在胡适看来，文学、政治、伦理本为一体，不能分开来看待。正因为文学、政治、伦理本属于一宗，彼此相连，因此，要改革政治、重塑伦理道德，就必须从渐趋僵滞的文学着手。故要实现人的现代化，文学革命也是途径之一。

3.胡适为何选择"文学革命"作为育人途径

归国初期，胡适为何要远离政治，而以文学改良途径来培育国民？这里的"归国初期"指20世纪二三十年代胡适走上参政论政"歧路"之前，主要为20世纪前二十年。依笔者之见，其中缘由一方面是基于"二十年不谈政治"的承诺，另一方面是20世纪初我国政治失败的缘故。胡适曾在1924年回顾："1911年革命的成功给中国人民以自信心，而它在政治方面的失败又迫使许多领导人转而注意社会和思想问题。"

20世纪初我国的政治究竟经历了什么？何以使得我国学界精英不得不转向思考社会思想问题？大概可从这一时期胡适对黄远庸和章士钊的关注窥得一二。黄远庸是一位著名的世界新闻时评家，胡适曾不少于三次引用其关于文学革命的一段论述："愚见以为居今论证，实不知从何说起。洪范九畴，亦只能明夷待访……至根本救济，远意当从提倡新文学入手宗旨。"1915年，黄远庸在旧金山被暗杀，直到生命的最后他才意识到在我国谋求通过政治改造社会是多么艰难且无益，为此他付出了生命的代价。"章士钊并没有为推动新文学而放弃政治，而是积极参与最终指向袁世凯称帝并终使袁世凯致死的运动。但袁世凯的垮台并未使国家接近'政治差良，其度不在水平线下'如所盼望的那样；也没有铲除袁世凯在全国种下的恶果，而这不久反而广泛蔓延，把中国推入了延续至今的分裂与内战之中。"胡适看到20世纪初这两位政论家的活动非但未改变社会政治，甚至付出了生命，而罪恶力量还在继续滋生蔓延。他痛苦、无奈又无处发泄，在这种情形下，文学作为一般的精神活动成为胡适唯一的出口。胡适以文学革命为突破口，论战学界，舌战群儒。当时的文学革命不仅是胡适支持改革的一种手段，同时也是生命醒悟感的一种宣泄。政治太黑暗，社会太腐败，知识分子以传统参与政治的方式显然无益于事，但生活于世总须做事，因此，文学就成为这种背景下知识分子代替政治、参与改革为数不多的选择。

胡适作为一个有社会责任感的知识分子，文学既满足了他参与社会的介入感，避免了无能感和无奈感，也打消了他受政治现实纠缠的恐慌与担忧。白话文和谴责小说的文学改革形式可以使他在追求社会改革、满足个人价值感的同时置身事外。在胡适看来，用白话文代替文言文，就是与传统的决裂，那些饱含反抗、讽刺的小说就是对正统价值的挑战。但也可以看出，胡适将文学革命提升至如此的高度，本身暗示了胡适内心的一种悲观主义，将新文学置于自身最努力的地步，甚至排斥其他方面的努力，其实是对现实的无力、撤退与无可奈何，这是知识分子的一种迫不得已的疏离。

在胡适极力引介的易卜生文学中，他尤为喜爱《人民公敌》。小说中的人民公敌——斯多克曼医生，和胡适是如此相像。小城医生斯多克曼发现了矿泉浴，给小城带来了经济的繁荣，但后来发现泉水受污染，对人健康不利。斯多克曼向人们解释时却遭到全城人的反对，他们因害怕自身生活受牵连而选择打压和反对斯多克曼。斯多克曼拒绝那被人奉行的真理：个人必须使自己服从社会整体。相反，他认为"多数派从来没有公理"，而世界上只有一条确认的真理，那就是"一个社会决不能靠着那些陈旧衰朽、没有精髓的真理，去过健康的生活"。最后，斯多克曼先生失去了工作和家庭，被人称作"人民的公敌"。但他在面对这些人生变故时，说出了那句铿锵有力的话："世界上最有力量的人是最孤立的人！"

在胡适的世界里，自己便是这一类人！

二、制度改造：民主制度

留美后，胡适逐渐认定民主制度本身就是一种教育启蒙资源，实施民主政治的过程就是培育现代公民的过程，这种制度的塑造比单纯的道德榜样和道德宣传更具成效。就如驾驶车辆，学习开车总比阅读驾驶说明书有效，跳进泳池学习游泳总比岸上看别人游泳学得快。因此，胡适坚持认为，所谓好公民一定是在民治制度下训练而成。

在育人路径的选择上，胡适为何会出现这种转变？显然，这与其长期的留美生活分不开。从胡适观察美国政选所写的日记中大概可以看出留美后胡适育人思想变化的原因："我在1912年和1916年两年，曾去参观美国的选举。我到了选票场，设得了选票的'样张'，见了上面的许多姓名和种种党徽，我几乎看不懂。我拿了样票去问在场的选民，请他们教我。我故意拣了几个不像上等人的选民——嘴里嚼淡巴菰的，或说话还带外国腔调的——不料他们竟都能很详细地给我解释。"胡适说："那些嚼淡巴菰带外国腔调的美国选民，他们何尝读过什么《政治学概论》或什么《公民须知》？他们只不过生在共和制度之下，长在民主的空气里，受了制度的训练，自然得着许多民治国家的公民应有的知识，比我们在大学里读纸上的政治学的人还要高明得多。"[①]胡适将美国的政治称为"幼稚园政治"。他说民主政治并非需要国民多有素质，多懂政治，不过是教国民依据规则行事。

因此，合格素质的公民并不是民主政治的必要条件，也并不是先新民才能进行民主政治改革；相反，"宪政可以随时随地开始"。他毫不留情地指出，那些以"国民性"为借口（无论是所谓"民智未开"，还是"训

---

① 胡适. 胡适文存：贰 [M]. 北京：华文出版社，2013：276–277.

练未成"的说法）而拒绝民主政治的人都是企图独裁专制的独夫民贼。倘若总以国民素质不达标来拖延民主，就和怕小孩跌倒而不让走路一样，是永远学不会走路，也永远迎不来民主。胡适指出，要是那些已经采用民主制度的国家非得等到"民智已开"和国民素质达标后，再实行民治制度，那么，这些国家永远不可能有民治的希望。勇敢迈开步子才是避免摔跤的唯一办法，积极实施民治才是改造国民性的唯一办法。

针对这一说法，反对者质疑：既然民主制度是训练合格公民的先决条件，为何民国初年实行民治后，还会出现选举舞弊、猪仔政治等种种倒行逆施的情况？在反对者那里，根源依然是国民劣根性。胡适提出不同见解，他指出一种新制度的实施开端往往不是一帆风顺的，需要长时间的磨合才能步入正轨。民主政治在西方已有两千多年的发展历史，而中国从辛亥革命以来才实施几年，中国人从来没有独立自主地行使过自身的权利，手中从未握过选票，若真能实施顺利，丝毫不出问题，反倒不正常了。1923年，震惊中国的"猪仔政治"发生后，胡适并没有表现出如其他知识分子那样愤慨激昂，也没有将原因怪罪在国民性上。在他看来，民主制度在任何国家的实施初期都会出现问题。他坚信开始总比没有好："给他一票，他今天也许拿去做买卖，但是将来总有不肯卖票的一日；但是你若不给他一票，他现在虽没有卖票的机会，将来也没有不卖票的本事了。"比起一文不值的选票，选民知道这票有价值也算是一种进步。因此，他坚定地认为，中国的民主政治出现卖票、打架、贿选实属再正常不过，只要开始了，就意味着进一步改良的可能。

总而言之，胡适与新民派及其他五四精英的育人思路完全不同。无论是新民派从具体办学校、办报刊的文化运动，还是鲁迅等五四精英的"文化决裂论"，都将国民素质视作诸事成功的先决条件，他们把造成国民素质问题的成因归于"遗传的定理"，将国民性看作传统旧文化的产物。鲁迅认为，国民劣根性批判是一种道德的批判，只要每个人道德上更新完善，改掉身上的"奴性""依赖""诈伪"，就能达到育人之目的。胡适则认为，国民素质问题形成原因是政治制度而非文化。道德的归道德，制度的归制度，不能在道德领域谈制度的问题。因为人类本身有"趋利避害"的本性，在一个既定制度环境中，会做出与环境一致的反应。胡适认为什么"人心不变""民德归厚"，都不过是门面话，恶的制度环境产生恶的国民，善的制度环境自然造就善的国民，而制度对国民最大的作用就是能遏制人性中恶的成分。在胡适看来，改变这个"卑劣"的"游戏规则"才是改造"卑劣"国民的首要任务。简单来讲，新民派及其他五四精英与胡适的分歧就在于"单项决定论"和"双向互动论"的选择上。前者坚持个人决定社会的单项决定论，后者坚持个人与社会相互作用的"双向互动论"。胡适反对将"个人"和"社会"分开来加以改造，认为任何试图脱离社会而进行的对人的改造都是空中楼阁。因此，胡适认为"改造社会即是改造个人"，社会"那些势力改良了，人也改良了"。

胡适从以下层面阐述了民主制度的内涵特征。

（一）民主制度之基础：民主

民主是胡适民主制度思想的基础。胡适认为并试图证明中国传统社会有民主自由的传统。胡适列举了从孔子以来两千多年中国历史上"争民主"的急先锋：汉朝王充、张衡对儒教的反抗；齐梁的范缜和唐朝的傅奕、韩愈对佛教的批判；明朝王守仁对朱子正统思想的反抗；颜李学派对正统程朱的批判；等等。且中国古代也有"民为邦本"的民主思想，也曾建立世界最久的文官考试制度，为国家选拔有才之士。[①]但过去几千年中国始终没有解决君主专制问题，因为几千年都没有解决政治自由这个问题，"所以始终没有走上建设民主政治的路子"[②]。

胡适认为，"只有民主的政治方才能够保障人民的基本自由，所以自

---

① 胡适. 容忍与自由［M］. 北京：北京理工大学出版社，2016：19.
② 胡适. 容忍与自由［M］. 北京：北京理工大学出版社，2016：18.

由主义的政治意义是强调拥护民主。一个国家的统治权必须放在多数人民手里。"①这种民治制度与形塑现代人有何关联？胡适在为朋友张慰慈博士的《政治概论》所撰写的序文中详细解答了这一问题。张慰慈对"民治的制度具有制造良好公民的效力"这一命题产生了质疑："民治和共和制度决没有单独制造良好公民的能力，就是在那几个人民自治权利最大的国家中，政治上的弊端也不能完全免去。"②胡适承认，再好的民治国家也会出现徇私舞弊，再好的制度也不能单独作用于现代人，但这并不能说明好制度和好公民之间的真正关系："第一，历史上的无数事实使我们不得不承认制度的改良为政治革新的重要步骤"；"第二，从民治国家的经验上来看，我们不得不承认民治的制度是训练良好公民的重要工具"。③

在制度改良与政治革新关系上，胡适认为人们不得不承认好的制度确实有限制奸人作恶的功能。如选举制度的改革，从公开进行到秘密进行，从记名到不记名，这一制度改良祛除了种种恶，完善和保障了选举的公平正义。胡适认为中国选举事宜一定要从制度上着手改革，"好的制度加上好人的监督与执行，终究可以使奸人无所施其伎俩"④。因此，好的制度才是肃清恶势力和恶政治的重要武器，纵使奸人作恶，也只能在一定范围内打擦边球。

在民主制度与良好公民的关系上，胡适坚信"民治的制度是训练良好公民的重要工具"⑤。推行民治制度的两条道路——无论是自行演进（如英国），还是采用别国已成之制（近代新起民治国家），都曾出现过腐败和罪恶。即使是世界上最发达国家的公民也不是与生俱来的，而是制度训练的结果。"若等到'人民程度够得上'的时候才采用民治制度，那么，

---

① 胡适. 容忍与自由［M］. 北京：北京理工大学出版社，2016：18–19.
② 胡适. 胡适文存：贰［M］. 北京：华文出版社，2013：275–276.
③ 胡适. 胡适文存：贰［M］. 北京：华文出版社，2013：276–277.
④ 胡适. 胡适文存：贰［M］. 北京：华文出版社，2013：276–277.
⑤ 胡适. 胡适文存：贰［M］. 北京：华文出版社，2013：277.

他们就永永远远没有民治的希望了。"①民治制度之所以能在多国成功，是因为制度具有教育的功效。就如在西洋电灯传入后，习惯用油灯的中国人也会用了；西洋经商理念传入后，不重视也不善于商业的中国人也会开公司了。作为有组织生活的一种，政治活动也是可以学得会的。而"民治的制度就是一种最普遍的教育制度"②，要使人民懂得如何参与政治，"就是要上课，就是不准学生逃学"③。胡适指出，中华民国成立多年，但民治程度极为失败，人民现代化没什么效果，正是因为"中华民国政治大学虽挂了十二年的招牌，但上课的日子很少，逃学的学生太多"④。1947年8月24日，胡适写下《我们必须选择我们的方向》一文，向全世界宣布：在世界历史大趋势下，我们中华民族到了选择所走之路的时刻，只有民主自由代表历史的正确方向，只有民主政治能凝聚各阶层力量实现民族的独立与解放，也只有民主自由可以培养一种爱自由、讲文明的现代人。

　　总的来说，胡适认为民治制度是最为可取的政治制度，也是塑造新民的重要途径。而要塑造良好的公民，只有一个办法——"要给他一个实习做公民的机会，就是实行民主制的制度。"⑤

（二）民主制度之核心：人民权利

　　人民权利是胡适民主制度思想的核心。20世纪20年代中后期，随着国民党集权统治的加强，国内学界关于人权的讨论达到了顶峰。1927年，国民党开始"清党"运动，着手实行所谓"训政"，开始了实质上的"一党专政"。1928年，胡适创办了《新月》月刊，展开了维护人权的运动。

---

① 胡适. 胡适文存：贰 [M]. 北京：华文出版社，2013：277–278.

② 胡适. 胡适文存：贰 [M]. 北京：华文出版社，2013：278.

③ 胡适. 胡适文存：贰 [M]. 北京：华文出版社，2013：278.

④ 胡适. 胡适文存：贰 [M]. 北京：华文出版社，2013：278.

⑤ 胡适. 胡适文存：贰 [M]. 北京：华文出版社，2013：279.

1929年5月开始，胡适陆续写下《人权与约法》《知难，行亦不易》《我们什么时候才可有宪法？》等强烈谴责国民党专政的文章，批判国民党一党独裁，钳制自由。1930年，有关人权问题的文章结集《人权论集》出版。20世纪30年代是胡适对国民党的批判最为密集和猛烈的时期，其人权的思想基本形成。胡适晚年有关"民主与独裁""自由与容忍""民主与宪政"的讨论，基本延续了这一时期的态度和立场。具体来讲，胡适的人权观有如下含义。

第一，人权保障应看作法律问题，而不应看作政治问题。[1]1929年4月20日，国民政府发布一道《人权保障命令》。随后，胡适在《人权与约法》中指出了《人权保障命令》三点问题：①命令只规定人权为"身体、自由、财产"，具体内容没有明确；②只禁止"个人与团体"，没有提及政府机关；③"依法"所依之法没明确。[2]胡适指出保障人权绝非一道命令就能实现的，保障人权需要建立在明确的法治基础上，尤其要提防党政机关对人民财产和自由的侵害，提防那些随便贴上"反动分子""土豪劣绅""反动刊物"等招牌就可以随意侮辱公民、剥夺自由、宰割财产的非法行为。保障人权须建立在法治基础上，须有一个明确的约法来保障人民的"身体、自由、财产"，"至少也应该制定所谓训政时期的约法"[3]。任何政府官吏的行为不得逾越法律规定的权限，逾越权限便是非法行为，就算是政府主席都得受法律制裁。在胡适看来，人权绝非国民党认为的一个政治问题，实质上它是一个法律问题，"只有站在法律的立场上来谋民权的保障，才可以把政治引上法治的道路。只有法治是永久而普遍的民权保障。"[4]

第二，权利须个人长期自觉地奋斗和监督。胡适认为在中国"权

① 胡适．胡适说社会与文明［M］．广州：广东旅游出版社，2014：222-223.
② 胡适．胡适说社会与文明［M］．广州：广东旅游出版社，2014：16-17.
③ 胡适．胡适说社会与文明［M］．广州：广东旅游出版社，2014：20.
④ 胡适．胡适说社会与文明［M］．广州：广东旅游出版社，2014：223.

利"的本义是一个人所应有①，是从"义权"发展到法律所赋予的个人之"权利"。中国历史上也曾有过"权利"观念，既要捍卫自己所有，也要尊重别人应有。孟子的"威武不能屈"就包含了维护个体尊严的气概。但在胡适看来，以上观念均未能发展为政治意义上的"权利思想"。一方面，如梁启超所言：中国人没有权利思想很大程度上是由"犯而不校""吃亏积德"的习惯造成的，在这种社会价值的主导下，人民不重视、也不会享用自身的权利。另一方面，胡适认为除了梁启超所谓习惯的影响，"还有一个重要的原因，就是中国的法制演进史上缺乏了一个法律辩护的职业"②。传统学校科目中从来没有法律这个科目，传统士人也没有经过严格的法律精神熏陶，而那些法律事务都是被一些受社会轻视的阶级掌管。③

民权不是君主赐予和法律授予的，而是无数的先知奋斗力争来的，是用血书写在法律条文上去的，是靠着无数的人监督才保障得住的。④因此，胡适号召中国人民应改变以往为世不争、吃亏积德的思想观念和处世之道，在自身权利受威胁和侵犯时，要积极运用法律手段维护自身的合法权利，养成争自由、争人权的良好习惯，这样国家社会才可能长远发展。

总而言之，胡适认为人权的获得需要个人长期的自觉奋斗和监督。"没有长期自觉的奋斗，绝不会有法律规定的权利；有了法律授予的权利，若没有养成严重监护自己权利的习惯，那些权利还不过是法律上的空文法律。"⑤虽然法律可以规范个人的权利，但不可能保护每个人的利益，保护个人权利需要公民养成保护权利、监督权利的意识和习惯。

---

① 胡适. 胡适说社会与文明［M］. 广州：广东旅游出版社，2014：220.
② 胡适. 胡适说社会与文明［M］. 广州：广东旅游出版社，2014：221.
③ 胡适. 胡适说社会与文明［M］. 广州：广东旅游出版社，2014：221.
④ 胡适. 胡适说社会与文明［M］. 广州：广东旅游出版社，2014：220.
⑤ 胡适. 胡适说社会与文明［M］. 广州：广东旅游出版社，2014：220.

（三）民主制度之表征：法治

法治是胡适民主制度思想的具体表征。建立一个民主、自由、法治的国家是胡适毕生所愿，在其论著中，尤为强调宪法的地位与作用。

何谓宪法？柏来士（Bryce）在《美洲民主国》中讲："一个国家的宪法只是那些规定此国家的政体并规定其政府对人民及人民对政府的各种权利义务的规律和法令。"孙中山也曾主张颁布约法"以规定人民之权利义务，与革命政府之统治权。"胡适认为，宪法乃一国之根本大法，最大作用不限于规定人民权利，更为关键的是可以规范政府官员权限，使其行事不逾限。在胡适看来，宪法之下公民依法行使权利，政党依法治国，这才叫真正的宪法社会。在宪法国家，宪法高于一切党派、团体及个人，任何组织和个人不得违背宪法精神，都须以宪法为行为基准。宪法之下，人民过着合法的公民生活，政党部门进行着宪法之下法治生活。由此，胡适一再督促国民党政府尽早颁布宪法，结束训政，进入宪政，将国家统治建立在宪法基础之上。

第三节　留美后胡适育人思想转变的原因

留美前后胡适育人目的不同、内容不同、途径不同，其根本原因是近代社会价值、社会发展任务及胡适受教育经历的不同。

一、社会价值的转换

（一）传统社会家族本位价值的批判

不同社会生产组织方式决定了不同的社会价值取向。中国传统小农生产方式以"一家一族"为本位，以血缘宗族为根基，这决定了中国传统社会家族本位的社会价值取向。这种家族本位的价值取决于传统社会自给自足的小农经济——简陋的生产工具、恶劣的生活条件和随时随地的自然灾害，个人不足自存，必须完全依赖所在的群体家族。在这种个人对群族严重依赖的条件下，群族的存续决定了个人的存续，群族的社会道德价值就成为人的价值。在日常家庭层面，家族为本的整体价值高高置于个体价值之上，个体只有把自己融入集体中的某个角色和位置，才能实现自身的价值。"家族的个人主义"、女子问题、忠孝文化、礼俗问题等道德问题都是家族本位价值观的具体体现。在社会层面，国家、宗族利益至上，个人必须无条件服从于国家、宗族利益。以小农生产为组织基础、以血缘关系为纽带、以父权为核心的传统家族制将集体、国家利益视为一切社会行为的出发点和归宿，认为整体价值就是一切，这对于稳固国家和社会起了很大的积极作用。但这种将个人完全消融于整体，整体主义不容挑战的传统文化漠视个体尊严，扼杀了个体生命、价值和创造力，不仅从根本上遏制了作为独立个体的自由意志和创造精神的发展，而且造成了整体社会的停滞不前。

因此，近代先贤首先批判了中国"以家族为本"的传统社会道德价值对国民的极大消极作用。他们认为家族本位的伦理道德文化严重压抑、摧残了人的自然本性，造成了社会整体的"伪善"，人们表面"文质彬彬""太和蒸蒸"，实质上"怨气盈溢""怨愤极深"。胡适也多次发文揭批这种家族本位主义，并称为"家族的个人主义"，认为它"实亦有大害"，会导致"一子成名，六亲聚瞰之"的后果①，这种相互依赖的家族制是造成国民奴性人格的罪魁祸首。在宗法家族价值观的支配下，国人思想固执、阿谀奉承、卑躬屈膝、麻木盲从，缺乏应有的国家观念和公共意识及辨别是非曲直的能力，谁若独异于人便是离经叛道、数典忘祖。久而

---

① 胡适. 我的歧路 [M]. 沈阳：万卷出版公司，2014：83-84.

久之，国民便成了国家统治者的"子民顺民"和家族祖宗的孝子贤孙。

（二）近代以来人本价值的张扬

工业革命后，社会化大生产使个体可以跳出血缘和地缘关系的限制，以个体独立的身份加入社会化生活。大生产催生了个人本位论，个人本位论维护个人的权利与价值，追求个性解放。在中国由一个封闭的传统农业社会向近代工业社会转型的过程中，在生产生活方式变换发展的过程中，原先依附于传统小农社会的道德价值规范开始走向分解、转换和重组。

在批判的基础上，近代思想家开始积极探索传统道德价值向近代道德价值转换①的具体路径和内容，即"个人本位"的改造路径及自由、平等、民主的改造内容。自辛亥革命到五四运动前期，主张个人本位的近代民主资产阶级思想家集中介绍了西方个人本位的道德价值及其主要内容，并论证了家族本位走向个人本位的历史必然性。

首先，对个人主义正名。资产阶级思想家列举了家族本位价值观侵蚀个体权利的种种消极作用，断言这种封建意识形态与新兴的资本主义格格不入。他们宣扬"个人与社会并不冲突"，明确提出"一种个人主义的人间本位主义"②，试图通过为个人主义正名，引导全社会树立资本主义个人本位的道德价值理念，并将其作为育人的哲学基础和价值起点。其次，提出一种完善"个人主义"。胡适提出了"健全的个人主义"，强调我们所应走的路，就是发展"健全的个人主义"，就是"为己而后为人""求

---

① 具体来讲，在近代国民性的改造过程中，就道德价值而言，经历了由封建的家族本位的到资本主义的个人本位的再到社会主义的集体本位的转变。这里我们只介绍从家族本位到资本主义个人本位的发展过程。自辛亥革命到五四运动前期，则是资本主义个人本位的道德价值及其内容被集中阐发的阶段。

② 钟叔河. 周作人文选（Ⅰ）：1898~1929［M］. 广州：广州出版社，1995.

学而后救国"①，而我们育人的最终目标就是充分发展个人的才能，造就独立自由的人格②。最后，论证了中国育人的个人本位必然趋向。他们认为资本主义是中国近代历史发展的必然方向，这意味着，资本主义社会大生产必然替代小农经济的生产方式，多元社会组织必然替代以家族为本的传统社会结构，而资本主义代表的个人本位道德价值必然会替代传统的封建家族主义成为中国现代化进程和育人理论指引和价值核心，它所期待和塑造的国民则必然是具备独立、自由、责任等现代意识的现代国民。

概言之，个人本位价值是以日益扩张的社会化大生产和市场经济为基础。大社会生产使人逐渐摆脱以家族、宗族为中心的自然关系，而以独立的身份投入一个彼此独立又相互依存的社会共同体。进入市场经济社会，一切市场活动的进行都建立在等价交换和平等竞争的基础上，人的存在价值标准不再是传统社会所看重的出身、血缘、等级地位，而是个体的才智和能力所创造的物化财富，这就决定了市场经济社会中人与人之间独立、自由和平等的根本关系。

总体来讲，留美归国的胡适，逐渐从对国民的批判走向对人的批判，逐步舍弃了"现代国民"的育人目的，转向"现代人"的育人目标，这一转向是近代社会价值转变背景下的必然趋势。

二、所处时代的主要矛盾不同

整体来看，19世纪末20世纪初，甲午中日战争、戊戌变法、八国联军侵华、日俄战争等，无不表明"救国"已成为时代主题。救国的迫切性使得人们将关注的重点放在如何变革政体，如何培育国家所需的国民素质问题上，如满足国家发展的国民意识、公共道德及政治观念与能力等。而

---

① 胡适. 我们所应走的路［M］. 北京：北京理工大学出版社，2016：18-23.

② 胡适. 胡适说社会与文明［M］. 广州：广东旅游出版社，2014：11-15.

胡适留美后，国外西方列强深陷"一战"无暇顾及中国，国内民主共和初建，民族基本独立，"救国"已不再是社会主要矛盾，但复辟与复古思潮泛滥，这也证明了共和政体与国民素质的不协调及由此造成的先前育人方案的问题成为社会主要矛盾。

具体而言，20世纪初，以严复、梁启超为代表的改良派和以章太炎为代表的革命派论及育人问题时，都强调"立人"之于国家更生、民族独立的现实价值，其所育之人实为民族国家发展需要的国民。严复提出"三民说"，主张改造国民性这一"本"的问题，而后中国才能成功变革政治，摆脱民族危机。梁启超抱怨"吾中国人之无国家思想也"。随后，他提出了"新民"的改造思路，告诉国人有了"新民"，就不怕没有"新制度""新政府"和"新国家"。这一时期的陈独秀则直接提出了"国家学"的概念，他站在国家、民族的立场，批判国人"国家大事，与我无干"的态度，正是国人不知国家的重要，中国才堕落到如此的地步。章太炎等早期革命家则从政治革命的角度倡导改造国民性，他们认为造成国人"无主性"的根源是清朝政府的统治，唯有"革命以开民智、新民德"。而胡适早年批判国民性之目的也无外乎提倡民气，改良社会，"造一个完完全全的祖国"。显而易见，无论是梁启超批判国人没有国家思想，抑或陈独秀批判国人只知有家不知有国，还是革命派鼓励国人"革命以开民智、新民德"，其共同之处都是立足国家。

可以看出，20世纪前后，实现宪政政体、挽救国家危亡是当时思想家、政治家改造国民的共同出发点。他们从国家、民族的角度来解释"国民"，意欲通过培育现代国民来达到"救国"目的。

胡适归国时正值新文化运动期间，共和政体初建，民族基本独立，"救国"不再是社会的主要矛盾，但国内复辟与复古思潮泛滥。知识分子将社会出现的种种问题归咎于国民素质问题，进而将批判的着力点转向思想文化、国民素质方面。辛亥革命后不久，胡适、陈独秀、鲁迅等就以道德革命和文学革命为口号，掀起了反对传统的新文化运动。20世纪初，以梁启超为首的"利群"思想已成为明日黄花，这一时期学人育人的价值取向有了全新的视角。梁启超等人关心的是国民素质是否有利于国家和民族的发展，突出强调个人对社会的责任；新文化运动精英则关心国家与政府能否保证个人的自由权利，若社会不能保障，甚至侵犯了个人的合法权利，个人有权利进行抨击。

新文化运动时期，独立人格和自由意志成为育人研究重点。陈独秀也从"国家本位"转向了"个人本位"，认为"国家利益、社会利益，若与个人主义相冲突，实以巩固个人利益为本因也"。他甚至将"国家"列为应被破坏的"偶像"，认为国家不过是若干人集中起来占据一块土地后而命名的，如果没有人民，只剩土地，国家也没有存在的必要，因此，国家不过是骗人的偶像。这一时期的鲁迅也明确表示："保存我们，的确是第一义。只要问他有无保存我们的力量，不管他是否是国粹。"胡适则提出"健全的个人主义"，强调须使个人有独立人格和自由意志，个人要充分发展自身个性。

总而言之，新文化运动时期，学人转向倡导个人的自由、自立和权利，而非梁启超等人的社会、国家或责任。"立人"成为育人的最高目的。

三、所要解决的主要问题不同

整体来看，早年胡适育人思路与梁启超等人几乎一致，以梁启超为首的新民派育人思路基本代表了该时期胡适育人思路。19世纪末20世纪初，面对"救国"时代主题，各政治派别为实现各自政治目标，开始从理论上开始寻找依据。革命派号召推翻清朝政府的统治，建立共和政体，以梁启超为代表的改良派在戊戌变法失败后，则开始转向关注与立宪政体相符合的国民素质，强调通过改造国民来为政治变革造势。这一时期，胡适关注的更多是现代国民所需的国民素质，在育人路径上基本遵循梁启超的"思想革新"思路。而留美归国的胡适所面对的是复辟复古思潮泛滥及已建共和政体与国民素质不协调等问题，因此，人的思想教育启蒙就显得更为迫切。

具体而言，20世纪初，梁启超提出的与立宪政体相符合的国民的首要素质是公德，其次便是有助于"公德"养成的"国家观念"。他极重视培养国民的民族观念和国家思想，有关自由、权利、平等等政治观念及进取、冒险、尚武等精神的探讨也是站在国家、民族的角度而展开。经历了戊戌变法、甲午中日战争，知识分子普遍认为民族危机的根源在于国民素质低下，而低下的国民素质的表现恰恰为国家意识、民族意识的缺乏，因此，加强爱国教育启蒙是改造国民劣根性的必然要求。对于19世纪末20世纪初梁启超等知识分子而言，培育现代国民素质是要解决的主要问题；新文化运动精英则不然。"科学和人权"构成了新文化运动精英探寻现代化道路的两大基本价值，也构成了新文化运动精英所需解决的主要问题，即培育国人科学的人生观和"个人本位"的现代观念。后者是重中之重。新文化运动精英认为，传统社会的罗网造成了国民的奴隶道德，反对传统封建伦理对人的压迫和钳制成为改造的重点。他们呼吁以西方自由、平等、民主的新伦理规范代替以"三纲五常"为主的传统伦理规范，以西方个人本位的新道德代替以家族本位的旧道德。这一时期，学人的目的是通过批评国人缺乏独立思想和个人意识来进行"启蒙"。

四、留美前后胡适受教育经历不同

胡适育人思路的转变与其长期的美国教育经历分不开。美国资本主义社会大生产催生了个人本位论。个人本位论维护个人权利与价值，追求个性解放。在美国的长期学习生活对胡适影响很深，他大量引介个人本位的道德内容，并论证了育人思路从中国家国本位走向个人本位的历史必然。受个人本位价值文化的影响，其育人目的由"立国"转向了"立人"，育人内容由"现代国民意识"转向了"现代人意识"。

在育人途径选择上，早年胡适受梁启超影响，在"新民"途径上强调"思想革新"，具体手段集中在教育、办报、办学等方面。在"新民"内容上，胡适批判了以封建伦理纲常为核心的传统道德，号召培养具有国家权力思想、进取精神的新国民。此外，胡适还重视小说的育人作用，他们将小说视作变化气质、开启民智的重要手段。无论是办教育，还是写小说，都将国民素质视作诸事成功的先决条件，都强调人的改造对社会改造的决定性影响，实质上是一种单项的"国民性决定论"。

留美后，胡适得出结论："制度是训练良好公民的重要工具"，实施民治的过程就是培育公民的过程。受美国文化的影响，胡适国民性改造路径由留美前强调教育"新民"转向了制度"新人"。也就是说，不是先改造国民性，后实现民主制度，而是将制度纳入国民性改造范畴，在互动论基础上，实现"制度与人"双向互动改造。

历史由复杂的环境造就，也随着环境的变迁而发展，且这种发展本身内含着一种延续性和发展性。留美前，胡适育人思想基本是对梁启超等人思想的简单模仿与复述，且整体上处于个别、零散状态，宣传阵地只占了《竞业旬报》一隅。在育人目标上，以救亡图存的"立国"为主；育人内容上，以现代国家所需政治观念与政治能力为主；在育人途径上，以"思想革新"——办学校、办报刊、办教育为主。留美归国后，在民主政体已经建立的环境下，胡适以对如何更科学、更合理育人的深入把握，从社会制度环境着手对如何育人进行了更为深刻、系统的检讨，同时形成了以《新青年》《每周评论》《努力周刊》等为阵地的巨大的思想启蒙运动。他以民主科学、个性解放为口号，以资本主义个人价值为本位，在育人目标上，以培育具有健全人格的现代人为目标；在育人内容上，更关注独立人格和自由意志的培养；在育人途径上，突出强调社会制度对个体的塑造和影响。

　　总而言之，留美前后胡适育人思想之相异，根源在于时代所赋予的任务及胡适受教育经历的不同，且后期的思想继承和发展了早期的思想，最终使胡适育人思想取得了跨越式发展。

第五章　胡适育人思想的贡献、局限及教育启示

第一节　胡适育人思想的贡献

"育人"问题根本上是"人的现代化"问题，涉及两大关键主题：其一，育人的"立国"与"立人"目标问题，实质上是"人的现代化"中的"集体"取向和"个人"取向问题；其二，育人的"单项"和"双向"路径问题，实质上是"人的现代化"和"社会现代化"的关系问题。前者关乎"造就什么样的人"，后者关乎"如何造就这样的人"。

关于第一个问题，今天在"育人"价值取向和目标设定上，仍然存在着两种不同的思路：一是强调集体主义，以国家、集体的发展需要培养人，把个人视为国家、民族的工具，甚至完全忽视个人的正当需要。我国历史上也有一些特殊时期，过度强调人的整体划一，忽视具体个性，导致了国家、集体覆盖个人，有集体无个人的结果。二是强调极端个人主义，否认个人的社会责任，追求个人的终极自由。以改革开放后为例，体制的改革将个人从阶级的囹圄解放出来，个人的独立性、主体性、创造性得到了极大的释放，然而伴随着个性的解放，出现了极端、孤立个人主义，将个人高高置于国家、集体之上。这种消极个人主义亦有大害，危害程度仍不容小觑。

关于第二个问题，今天在"育人"途径选择上，也存在着两种倾向：一是强调个人的改造，忽略社会制度的育人功能和作用。近代以来直至现在，十分强调个人的改造，无论新民派提出的"造新民"，五四精英的"个人启蒙"，抑或当今社会的榜样模范评选及个人心性修养的强调，都是希冀通过革新个体思想道德来培育国民，实现中国人的现代化。其主要途径无外乎道德教育、宣传舆论、榜样示范等道德教化或教育。个人的思想道德培育要求个体有很高的道德理性能力，个人需自觉按道德要求进行自我精神洗礼，从而实现自身道德的超越和发展。这一育人思路是就道德谈道德，强调个人改造，忽略了影响甚至决定个人道德发展的社会环境和社会条件，事实证明是很难实现的。二是着重整体社会制度的改造，忽略个体思想的启蒙。中华人民共和国成立后，我国走过了政治、经济现代化的艰难历程，千回百转后才树立了"以人为本"的现代化方向，但人的现代化程度仍有很大的空间，仍需加大推动力度。

那么，育人或人的现代化的出发点到底是集体还是个人？育人或人的现代化途径到底是要突出个体改造还是社会改造？胡适育人思想在这方面的贡献不容忽视。

一、对集体主义和个人主义的反思与超越

走在现代化道路上的中国，既面临着批判传统的任务，也面临着现代化过程带来的问题。其中，有两大不得不面对和解决的问题，即对变相的集体主义与极端的个人主义的反思和超越。

（一）对变相的集体主义的反思与超越

集体主义历史悠久，有共和主义、国家主义、群体主义等多个相近相因的概念。无论名称如何变化，以上"主义"的本质是在集体与个体之间

保持一定张力基础上以集体为取向的价值实现过程。从人类历史发展角度来考察，"集体"存在两种水平：一是个人完全隶属于的群体或集团。在这一水平，人与群体是绝对的"人的依赖关系"，此条件下形成的道德价值称为"群体主义"或"整体主义"。二是以个人独立性为基础的集体。随着生产力发展，人逐渐摆脱"人的依赖关系"，获得了独立性，这样，独立个人组成了集体，在此条件下形成的道德价值称为"集体主义"。[①]

历史上我国集体主义经历了传统儒家群己观、社会主义集体主义到新时代集体主义的演变，虽然其依托体制、理念风格迥异，但根底上都认同集体优于个人的原则。

传统文化的集体主义是宗法社会的映射。宗法社会以"血缘"为纽带，以"家国同构"为基本形式，以"忠孝"组织社会伦理。在种以血缘为基础的宗法制度下，传统社会从本质上讲，也就是个体服从于集体的"整齐"统一体。支撑这一社会秩序的价值基础是传统儒家群己观，而其根本目的是维护封建社会统治。在传统文化的集体主义下，个体的存续更多依赖所在家族、宗族，于是个人价值的实现更多凭借的是家庭、血缘和地缘等外在因素。在社会生活中，集体价值优先于个体价值，当集体与个人发生冲突时，个人必须无条件地服从集体。个人的权利就这样被集体导向的社会价值虚化了。

中华人民共和国成立之后，传统文化中的群己观以社会主义集体主义的形式重现。社会主义集体主义在传统文化的集体主义解构后，重塑了社会成员的集体本位价值。计划经济时期的公社和单位成为中国人生活的基本单位，个人依托于公社、单位，公社、单位受控于国家，这样就形成了个人—公社（单位）—国家递进式的社会结构。每个人不得不依赖于集体和国家。不可否认，在特殊时期，集体主义无疑具有重要积极意义，不但

[①] 杜时忠. 德育十讲——制度何以育德 [M]. 武汉：华中师范大学出版社，2019：137–138.

为初生政权所需稳定环境赢得了价值支持，而且为国家现代化建设提供了巨大精神动力。但弊端同样显著，集体至上，个体本性和利益被压抑，而且过度组织化、集中化要求集体具备高度更新与自觉的能力，一旦组织机制出现漏洞，其后果不堪设想，因此，单一集体主义面临很大挑战。

改革开放后，社会公众的创造性、积极性被激发。许多计划经济时期限制人们活动的制度，如户籍制度、价格制度、公社制度等，逐渐被废除或改革。社会主义市场经济体制在中国开始建立起来。随着集体主义背后制度基础和社会认同的弱化，个体价值和认同逐渐放大，个人的权益意识也逐渐增强。随着社会组织的分化与再组织化，新的群体组织出现并代替了计划经济时期的公社、单位等集体组织，随之新的集体、群体意识开始滋生，新时代集体主义产生。不可否认，由于根深蒂固的文化和制度惯性，传统集体至上、湮没个性的思想价值取向在今天仍有可观的市场。传统文化的集体主义否认个人独立性，将人的本质片面理解为社会关系的总和，进而消解了人的独立性。虽然集体主义承认个人利益的正当性，并在一定程度上强调国家对个人的保护，但它否认个人的独立性，因此从现实上瓦解了个人利益的存在基础。此外，在集体主义思想体系中个人只是集体的工具，集体至上性从现实中截堵了集体服务个人的可能性。

胡适曾讲，任何一种"主义"都是在某时某地某个具体问题得到解决后，人们借助以往的经验继续成功解决了此类问题，久而久之，随着成功经验的增加，了解该方案的人越来越多，这一解决问题的理念或具体步骤就会逐步被人视作正确的理念、方法或真理。而真理是历史的，是具体历史阶段的有效方案，若将其当作"包治百病"的真理，极易形成教条主义，因此，胡适提出要少谈主义，多谈问题。那么，集体及集体主义如何产生？历史上不同阶段所谓"集体"和"集体主义"是否适合真正集体和集体主义产生的条件？是否有教条主义的嫌疑？真正的集体及它所要求的道德规范和原则到底是什么？我们需要搞清楚这些问题。

按马克思伦理学的解释，集体主义是工人阶级的道德规范和原则。

坚持集体主义原则，或者说坚持集体至上的原则有两个原因：一是因为机器大生产将工人联合成整体；二是在反抗资产阶级压迫的过程中，广大工人阶级的利益是一致的。基于这样的历史条件，单个的个人利益必须服从集体利益，坚持集体至上的道德原则也是合理且必要的。但坚持这一原则的条件又是变化的，在两大阶级处于对立、对抗的斗争过程时，工人个人属于被压迫阶级的一分子，在受压迫和剥削上，每个工人的利益都是一样的，阶级的利益就是工人个体的利益，反抗压迫的斗争就是工人自身发展的首要矛盾。因此，这时工人个人的利益就是阶级的利益，集体利益是至上的。当无产阶级作为一个整体来行动时，工人阶级利益就是国家集体利益，个人就要服从于集体。但当国家已不再处于两大阶级对抗，而进入人民内部矛盾处理时期时，如何处理工人个体之间的利益矛盾？如何处理工人阶级与农民阶级利益矛盾？集体主义原则还有坚持的必要吗？这时单个工人或公民的利益还必须坚持国家、集体利益至上吗？

马克思认为真正的集体包括两点：其一，能代表社会普遍利益，能反映每个成员利益；其二，是"自由人的联合体"，也就是消灭私有制后才可能出现集体。

社会主义社会的集体不同于代表少数剥削阶级利益的集体，它将无产阶级利益扩大为了整个社会和国家的利益。但毕竟还是以本阶级利益为中心，在广泛性上还受限制，加之我国仍处于社会主义初级阶段，生产力还没有发展到消灭私有制水平，社会主义社会还不足以产生真正集体。未充分条件下形成的集体，多为一种假的、虚构的集体，在此基础上的道德原则，更多是一种"虚构"的，甚或是极端的道德原则。如社会上以国家名义行小团体权利的"集体"，它们不等于集体，它们的利益更不等于集体利益，因此就不能用集体主义原则来要求个人。再如历史上某些时期将"集体"利益规定为一切个人行为的目的，凡是"集体"就是善的，个人就是恶的。与"集体"利益相比，个人一切都微不足道，包括最基本的生命和尊严。显然，这一"集体"非马克思所言的真集体，此条件下的道德原则只可称作"极端集体主义"。极端集体主义导致的灾难历史已经证实。因此，脱离社会生产和生活，在任何社会群体内都强调以集体至上的道德原则是不科学的、不合理的，历史上很多以"集体"之名实施集体至上原则的道德规范和要求也是不合理、不科学的。

胡适所反对的就是这种否定人独立性、主体性的假的、虚构的、极端的集体主义道德原则。最典型的例子就是胡适对当时流行的"牺牲主义"的批判，他指出"那些为了主义，为了爱国一时的冲动，不顾一切，牺牲生命的青年"，虽然值得敬佩，但"我们并不希望大家学习他们这样，因为没有修养，纵然牺牲，也还是不能救国。牺牲这样多的人，而于国无益"。①这也是胡适一直强调的"为己而后可以为人"，"求学而后可以救国"。②可见，胡适的个人主义是对假的、虚构的、极端的集体主义的扬弃，是在维护个人生命和权利基础上勇于对国家、社会负责的"健全的个人主义"。

唯物史观认为，人们奉行什么样的道德观念，遵循什么样的道德原则归根结底是由他们的社会生产和社会生活决定的。离开坚实的物质生产条件，只会陷入一种脱离现实的道德"乌托邦"。正是基于这种反思，改革开放和市场经济才把人从极端集体主义的囹圄中解放出来。对人生命与权利的维护极大激发了个人的自主性和创造性，造就了一批具有独立人格和现代精神的中国人，也造就了改革开放四十年伟大奇迹。

马克思对人从"人的依赖关系"到"物的依赖性关系"发展阶段的论证③，揭示了传统人到现代人的首要标志是人的主体性代替了人的群体性。胡适所追求的独立、自由现代人，强调的正是人的主体性及独立人格的养成。可以说，胡适的"健全的个人主义"对纠偏今天依然存在的假

① 胡适. 我们所应走的路［M］. 北京：北京理工大学出版社，2016：18-23.

② 胡适. 我们所应走的路［M］. 北京：北京理工大学出版社，2016：18.

③ 马克思，恩格斯. 马克思恩格斯文集：第8卷［M］. 北京：人民出版社，2009：52.

的、虚构的集体主义具有重要现实价值。培育健全独立的现代人格，继续解放和发展人的独立性、主体性和创造性对于中国人的现代化仍具有重要而长远的意义。

（二）对极端的个人主义的反思与超越

基于落后的自然生产水平，传统社会人们不得不依赖于氏族、部落、大自然，也就是马克思所说是一种"人的依赖关系"。进入近代社会后，市场经济发展，私有制的建立，为个人的独立提供了条件和基础，使得个体挣脱了血缘、地缘的束缚，人的个性得到了解放，权利与尊严得到了维护，这是好的一面。但也不可否认，个人主义将个人视作单子式存在，主张个人权利、利益优先，在实践中容易演变为一种极端个人主义。凡事以个人为先，处处与他人竞争，如托马斯·霍布斯（Thomas Hobbes）所说的"人与人像狼一样"。极端的个人主义带来了诸多病症，因此从20世纪80年代开始，极端的个人主义受到了社群主义的质疑和批判。阿拉斯代尔·麦金泰尔（Alasdair MacIntyre）认为自由社会公共生活的衰微主要是因为个人主义的伦理规范代替了亚里士多德的美德伦理。查尔斯·泰勒（Charles Taylor）表示："个人因为只顾自己的生活而失去了更为宽阔的视野。"①迈克尔·桑德尔（Michael Sandel）则指出个体是"镶嵌于"社会关系中的"嵌入式自我"，不能脱离社群来讲个体。

面对极端的个人主义问题，杜威提出了"新旧个人主义"概念，他将伴随工业革命出现的个人主义称为"旧个人主义"，而将"合作占统治地位"时代的个人主义称为"新个人主义"。②杜威看来，真正的个人主义是一种负责任的行为，个人是会分享、合作的个人，而非单子式个人。与旧个人主义单子式个人不同，新个人主义主张合作式个人。在此基础上，

---

① 查尔斯·泰勒. 现代性之隐忧［M］. 程炼，译. 北京：中央编译出版社，2001：5.
② 杜威. 杜威文集［C］. 孙有中，等译. 上海：上海社会科学院出版社，1997：91.

胡适也批判了一种"独善的个人主义"。"独善的个人主义"主张个人可以脱离社会而得到发展,力图寻求现在社会之外的一种独善生活。[①]胡适反对这种"独善的个人主义",他认为这种生活是避世的,不经济的,脱离社会的,没有理由存在的。[②]这种观念将个人看作一个可以被提取出社会进行改造的实体。然而,从根本上讲,个人是各种社会势力作用的结果。[③]因此,脱离社会责任、只追求个人生活的这种极端个人主义,从根本上是错误的。

与个人主义相伴的主体性也成为反思的对象。主体性在人类解放、个性发展中起过积极作用,使个人得以摆脱对家族、氏族的依附,成为独立的存在。但主体性与个人主义相结合的后果就形成了单子式的个人,也就是一种占有性个人主体性。[④]占有性就是说作为主体将对象作为自身的客体,用以控制、支配及满足自身需要。在此情况下,主体和客体的关系是一种占有者和被占有者的关系,人和人之间会形成个人利己主义,国与国之间会形成大国沙文主义、民族主义、种族主义等。随着占有性个人主体性的扩张,20世纪出现了大规模的战争、恐怖主义等问题,因而思想家开始了反思和思考。当然,主体性有积极一面,反思对象主要是主体的占有性。主体与主体之间不是支配、占有关系,而是互为目的,平等交往的关系。这种平等互助的关系不是单子式的利益互换,而是强调自己对他人的责任,强调自己与他者的共生共荣,也就是要注重主体在社会中的公共性。正如胡适所说,社会和个人是"大我"和"小我"的关系。人人是社会不可或缺的一分子,人人是社会中通力合作的伙伴,因此,个人更要对

---

① 胡适. 胡适说社会与文明 [M]. 广州:广东旅游出版社,2014:72-74.

② 胡适. 胡适说社会与文明 [M]. 广州:广东旅游出版社,2014:75-77.

③ 胡适. 胡适说社会与文明 [M]. 广州:广东旅游出版社,2014:76.

④ 冯建军. 超越"现代性"的中国教育现代化:人的现代化视角 [J]. 南京社会科学,
2019(9):133-138,156.

他人、社会"担干系，负责任"①。这就是胡适的"健全的个人主义"之"健全"的真正内涵，颇具有新自由主义和社群主义的意味，本质上是从集体和个人的张力中寻求一种基于现实需要的平衡。

针对极端的个人主义问题，20世纪80年代，社群主义产生。社群主义认为，对于当前人类社会发展阶段而言，社群依然是一个基本要素，社群优先于个人。社群不是原子式个体的机械集合，而是一个以公共善为目的的有机体，因此，每个人需对社群尽责任。②当然无论社群主义批判得多猛烈，都不是否定个人主义，而是一种修正、补充和完善。它所期待的社群生活中人与人之间的共生共荣状态值得个人主义学习和吸纳，也在一定程度上为个人主义增添了新内涵。

总而言之，个人主义并不代表先进和正义，也可能走向损人利己的极端的个人主义，引发个体与集体的冲突和对抗。胡适对个人主义的反思（克服其极端利己的不足）和超越（增强对集体、国家的责任），为人的现代化提供了弥足珍贵的理论资源和价值引导，理应得到后人的继承和发扬。

二、对国家现代化和人的现代化的平衡与弥合

现代化是历史发展的必然过程，内容涵盖了社会各个方面，诸如工业、农业、政治、科技、文化教育等多领域。一般来讲，人们将现代化分为两个层面：一是外在现代化，指影响人的生活发展的各种变化，如市场化、民主化、法治化等；二是内在现代化，即人的现代化，指与现代社会发展需求一致的人的素质的发展，也就是满足现代实践发展需要的人的主

---

① 胡适. 读书与做人 [M]. 广州：广东旅游出版社，2014：135-148.

② 冯建军. 社群主义公民身份与公民教育 [J]. 社会科学战线，2013（11）：202-209.

体能力的现代化。①虽然社会成员都生活在共同的社会中，但人们素质高低不同、发展更不同步，每个人并不能自然而然发展成为一个合格的现代公民。因为社会是不断发展的，符合以前社会发展需要的人的素质，不一定能满足更高层次的社会发展需要。因此，人们必须不断自觉提高自身文化素质，自觉掌握新时代发展需要的知识和技能，形成符合社会实践发展要求的主体能力，这就是人的现代化过程。

人的现代化内涵十分丰富，一般认为包括四个方面：生活方式的现代化、生产方式的现代化、行为方式的现代化、思想观念的现代化。其中，最为重要和关键的是人的思想观念的现代化。人们又将思想观念的现代化分为价值观念、处事观念、政治观念和人际观念等方面。在价值观念方面，应由传统家族整体主义价值取向走向个体本位论的价值取向，以实现人自身的发展为根本目的；在处事观念方面，应摒弃传统小农社会中落后、保守、知足、中庸的处世之道，树立竞争、创新、敢于冒险的现代精神；在政治观念方面，要认识并抛弃专制社会依附、专制、奴性的观念，树立自由、平等、民主的现代民主政治意识；在人际观念方面，应甩掉攀附、依赖的身份观念，树立现代契约观念。

马克思指出："人就是人的世界，就是国家、社会。"②人与国家不是彼此独立的存在，人与国家是一体两面的关系。历史唯物主义认为，人创造、推动着社会、国家的发展，社会、国家的发展也推动着人的发展。对人的改造就是对国家的改造，对国家的改造就是对人的改造。而人的改造问题实质是人的现代化问题，国家改造问题实质是国家现代化问题。也就是说，人的现代化创造着国家现代化，国家现代化反过来又促进了人的现代化。

---

① 柯卫. 人的现代化与社会现代化的统一性［J］. 社会科学家，2007（1）：9-12.

② 马克思，恩格斯. 马克思恩格斯文集：第1卷［M］. 北京：人民出版社，2009：3.

（一）倡导思想启蒙，以人的现代化弥合国家的现代化

人的现代化是国家现代化的前提。20世纪下半叶开始，人们对人的现代化和国家现代化的认识更为深刻了，这主要得益于对发展中国家坎坷发展过程的反思。20世纪60年代，联合国针对发展中国家的需要，制订了"开发的十年"计划，旨在推动后发国家尽快走向现代化。但结果大部分发展中国家并未取得多大成效。人们发现，即使国家、社会采取改造社会的诸多措施，国家公民的意识观念还处于传统状态，社会、国家和社会主体呈现双轨状态，传统价值观念和思维方式成为阻碍社会现代化的重要阻碍。美国著名现代化研究专家阿历克斯·英格尔斯（Alex Inkeles）通过大量研究揭示："如果一个国家的人民缺乏一种能赋予这些制度以真实生命力的广泛的现代心理基础，如果执行和运用着这些现代制度的人，自身还没有从心理、思想、态度和行为方式上都经历一个向现代化的转变，失败和畸形发展的悲剧结局是不可避免的。"[1]也就是说，无论是政治、经济的现代化，还是文化的现代化，根本在于人的现代化，在于对人的改造。现代的科技、现代的制度、现代的发展宏图只有靠具有现代素质的现代人实现。

世界历史证明，现代化的实现很大程度上取决于人的素质的提高。一个国家国民的文化素质和现代化水平直接决定了这个国家的现代化发展程度和水平。而一个国家即使有丰富的自然资源，但缺乏高素质现代人才，国家资源也很难转化为生产力，很难发展为真正的现代化国家。换言之，当今世界激烈的科技、经济、军事竞争实质上根本上还是人才的竞争。因此，人才是国家现代化的首要关键因素，外在现代化必须通过人的现代化才起作用。

从19世纪中叶，中国就开启了现代化征程，洋务运动、戊戌变法希望

---

① 英格尔斯. 人的现代化——心理、思想、态度、行为［M］. 殷陆君，译. 成都：四川人民出版社，1985：4.

从经济、政治层面加快现代化，但目的是"制夷""强国"，并没有将人的素质提高作为目的。早期现代化的失败直接催生了以"人"的启蒙为主题的新文化运动，国人的素质问题成为现代化的焦点。以胡适为代表的新文化运动精英扛起了"民主和人权"的大旗，倡导个人启蒙，强调独立自由人格，核心就是要培养具有主体性、创新性、开放性的现代人才。胡适指出，人类社会、政治的发展，是每个独立思想者和革命者的功劳。基于对个人本位价值的认同，胡适呼吁以西方自由、平等、民主代替以"三纲五常"为主的传统伦理规范，以西方个人本位的新文化代替以家族续嗣为核心的旧文化。胡适等新文化运动精英所倡导的个人启蒙，本质上是对个人生命、尊严、自由思想等的尊重和维护，根本上是希望造就一代具有健全独立人格的现代人，通过人的现代化使国家走向现代化。遗憾的是，在救亡图存的时代任务下，救亡最终压倒启蒙，人的现代化进程被迫中断。中华人民共和国成立后，我国现代化走过经济、社会现代化后，迎来了人的现代化，不仅强调"强国""富国"，更强调"民主""文明""和谐"，最终树立了"以人为本"的现代化发展战略。

事实表明，人的现代化是国家现代化的条件，缺乏人的改造的社会改造注定不会成功。以胡适为代表的新文化运动精英提出的个人启蒙，即以人的改造弥合国家的改造，以人的现代化促进国家现代化的现代化思路，在当代仍是必要而有价值的。

（二）重视制度改良，以国家现代化弥合人的现代化

社会、国家现代化是人的现代化的客观的基础。马克思讲人的本质是"一切社会关系的总和"，也就是说，人的发展和社会制度具有内在一致性，人的自由发展受身处其中的社会关系的制约和影响。马克思一生关注扭曲人、压制人、使社会成员陷入罪恶的社会制度环境。社会环境造就社会中的人，人的现代化来源于社会现代化的塑造，要想造就具有现代意识和心理结构的现代人，必须改造与之不符的不合理的、非现代的社会制度

和环境。对社会、国家进行什么样的改造就是对人进行什么样的改造，社会、国家的现代就是人的现代化。

当然人的思想意识具有独立性，可能超前于或滞后于社会存在，但归根结底离不开社会存在。一般来看，发达国家拥有发达的社会现代化水平，因此，国民也有较高的文化素质。我国现阶段拥有比以往更高的现代化发展水平，因此，国人的素质整体上比以往更高一些。社会民主化、法治化发展水平为人的现代化发展提供必要的发展条件，进而也必然推动人走向现代化。反之，国家经济、政治、文化水平落后，必然也制约国民素质的提高。西方工业革命以后生产力发展，民主政治逐渐成形，造就了现代国民，而中国封建社会后期没有出现像西方国家那样的现代国民恰恰说明了国家现代化对人的现代化的作用。

自鸦片战争后，中国人就开始了"复兴中华"的艰难征程。他们探寻了一套套理论，掀起了一次次变革，他们相信中华民族这个伟大的民族定能找到一种方式，重新引领人类文明。而中国人的现代化进程自近代以来就伴随对国家制度现代化的认识，"睁开眼睛看世界"的林则徐和魏源等先知先觉者一开始就产生了制度的忧虑，他们喊出了"师夷长技而治夷"口号，论及了西方现代化与民主政治的关系，表露出了对中国君主专制制度的质疑和批判。但受国家权利的约束，无法从制度着手解决中国现代化问题。洋务运动的失败同样囿于制度的瓶颈和束缚。后维新精英将矛头直指制度领域，奋力一搏，结果依然以败而终。辛亥革命，民国初建，中国人终于在改造社会制度上取得了一次伟大的成功。当时的孙中山如大多数知识分子一样深深坚信，中国有了全世界最优良的政治制度后很快就可以重焕荣光："中国，由于它的人民性格勤劳和驯良，是全世界最适宜建立共和政体的国家。在短期间内，它将跻身于世界上文明和爱好自由国家的行列。"不幸的是，孙中山早逝，他只能砥砺后人："革命尚未成功，同志仍需努力。"将复兴中华的宏愿寄托给了后辈。蒋介石试图利用最简单最直接的政治运动进行思想改造，涤除国民身上的恶劣品性，以求恢复

"礼义廉耻"之传统美德。他相信通过思想改造运动，很短时间内，国人就可以成为世界上最文明、最高尚的民族。民国建立后，国人的素质并没有得到相应的提高，革命胜利的果实也落入了封建军阀手中。随着制度改造的失败，知识分子开始逐渐将视角转到国民本身，进而将中国民主政治的失败都归因于落后的国民素质。

随后的以个人思想启蒙为主的"新文化运动"，更是把对个人的改造，即人的现代化问题，提升到民族国家发展战略的高度。这一时期，学人育人的基本思路为"先更新国民性，后更新制度"，先新人后新国，突出前者对后者的决定性影响，主要途径无外乎道德教育、宣传舆论、榜样示范等的道德教化或教育，是一种单项"思想革命"决定论。鲁迅在新文化运动前期提倡以文艺手段改造国民，彼时他认为只要革新每个国人的道德、思想，国民自然得到有效改造。

人的改造，尤其是人思想的改造不仅被置于了首位，而且被认为是社会改造的根源，形成了所谓"一元论"，而社会制度改造被忽视。这一思路存在一个严重的缺陷，即就道德谈道德，仅强调个人改造，而不改善影响个人道德发展的社会环境和社会条件，希冀通过个人自觉理性，实现自身道德的超越和发展，也就是要国人从千年农业社会的臣民自觉提升为现代工业社会的公民，而无视社会制度规范的创建和引导。历史证明，这一改造思路是很难成功。

这一时期的胡适则跳出了就道德谈道德的框架，将社会制度纳入育人、造人的范畴。他认为，从根本上讲，个人是各种社会势力作用的结果。社会上的"良好分子"并非自然形成，也非传统心性修养而成，而是因为造成"良好分子"的种种社会势力中良好的势力要比不良的多；反过来，那些"恶劣分子"的形成自然是因为形成他们的社会势力中不良的势力比良好的多。胡适认为，个人是社会无数势力造成的。改造社会就是改造个人。①在胡适看来，没有任何一种理论或主义可以"包治百病"，也不是一种单纯改造个人思想就能解决社会问题的。不同民族、不同国家的问题是由多种因素长年累月所致，因此，引进或学习某种"主义"或"理论"就妄图根本解决一切问题是不可能的。胡适指出，之所以那么多人高谈"主义"而避之"问题"都是因为一个"懒"字。要培育国民，只能一点一滴去做，随时随地解决一个个具体问题，具体问题解决了，社会改良，人也就改良了。

可惜胡适这种以制度改造弥合个人改造，以社会、国家现代化弥合人的现代化的思路被救亡急务所耽搁。直到中华人民共和国成立，尤其是改革开放以来，社会制度才重新开始发挥其育人、造人作用。民主化、市场化、法治化带来的国人文化素质的提升，再次证实制度育人的作用是成功的：中华人民共和国建立，实现了国家独立；人民代表大会基本政治制度建立，实现了人民解放；改革开放后民主政治、市场经济体制不断完善，在日趋健全的政治、法律制度的保障下，公民选举权、财产权和劳动权得到保护，市场经济平等交换实现了个体解放，国人开始真正走向了独立自由发展阶段。胡适以通过社会的改造促进人的改造的国民性改造思路的正确性已被历史验证。因此，承认并努力推进国家制度在人的现代化过程中的作用，在今日仍具有重要的价值，这也是胡适育人思想的当代意义。

总而言之，在育人途径的选择上，胡适是近代以来罕见克服急切心态的知识分子，他理性、沉稳、坚毅地探索着，从政治上文化上习俗上一点一滴地改造着，形成了独特的"制度与个人互动式"的改造模式。

---

① 胡适. 胡适说社会与文明［M］. 广州：广东旅游出版社，2014：77.

第二节　胡适育人思想的局限

胡适育人思想中最闪亮地方在于对渐进育人方式的坚持，这也是胡适自由主义思想的核心体现。虽然自由主义流派众多，囊括繁杂，但大而化之可分为以下几个层次：第一层次，哲学上，以人的个体独立性为起点，主张个人主义；第二层次，社会目标上，主张自由、平权、宽容、多元、正义的社会；第三层次，社会设计上，主张开放的文化、市场经济、民主政治；第四层次，实现方式上，主张渐进主义。可见，胡适所主张的渐进主义的育人方式是其自由主义思想的必然选择。

胡适所讲的和平渐进育人方式的含义主要指通过立法健全民主制度，点滴改革。胡适基于民主制度的育人思想对于后世"人的现代化"及道德教育的研究仍具有重大的历史意义和价值。由于历史时代及自由主义本身等因素，胡适育人思想存在一定局限，对其进行应有的剖析与揭示才有助于更全面、更合理地走进胡适及其育人思想精髓，也将更有助于转化为当前道德教育理论与实践的思想资源。

一、外在：现代性和建立现代民族国家两难兼顾

从历史上看，自由主义及其主张的渐进主义育人思路，可以说均没有成为改造中国和国民的主流。学界论及其失败的缘由，也无外乎救亡压倒启蒙、缺乏社会支持、左倾思潮影响等因素，此处不再赘述。笔者认为，胡适渐进主义制度育人方式没有成功的重要原因还在于现代性和建立现代民族国家的两难兼顾。

西方自由主义兴起的动机是"维权"，是商品经济发展壮大后中产阶级与专制国家之间"人权"与"国权"的斗争。中国自由主义则产生于民族危亡之际，诸如自由主义、社会主义、民族主义的引进无不是为了挽

救民族危亡。在西方，现代性和现代民族国家的建立是二合一的工程，变革传统社会和建立现代国家的方向一致的。在中国却不是，自鸦片战争以来，中国既面临着改革传统的任务，也肩负着建立现代民族国家的需要。如果我们将现代性归为工业革命以来普遍意义上的人类理性精神，那么西方文明无疑是现代性的来源。这样，现代性必须以契合西方的方式进行。显然，中国情况截然不同，当面对现代性和建立现代民族国家两大任务时，建立现代民族国家的任务压倒了现代性的任务，而且在建立现代民族国家的过程中，不得不反对西方列强，也就形成了不得不以反西方——反现代性的方式来挽救国家。这一悖论表明，近代中国实现现代化与建立现代民族国家是如此两难兼顾。

西方自由主义源于人民对国家侵犯的反抗，自由主义者反对那些以"国家""集体""民族"为说辞而侵蚀人权的行为。人权和国权可以说从一开始就是彼此对立的关系。但在民族危亡之际，自由主义的引入被加入了一个本不属于它的范畴——救国，中国自由主义者同样强调个人权利，但自觉或不自觉地仍走向了对国家民族前途的忧虑和筹谋。

育人问题研究第一人严复将密尔的《论自由》译为《群己权界论》，他一直艰苦卓绝地力图证明个人与群体是相辅相成的统一，既不能偏于国群压制个人，也不能袒护个人危害国群。但他又认为，当国家利益和个人利益发生冲突时，国家、集体比个人更为根本，国群是优先于个人的。其实，严复这样刻意的曲解未尝不可理解，时值国难当头，家破人亡，皮之不附毛将焉存，国之将破，家又何安？

从育人目标上看，五四时期，学人将育人目的从"救国"发展为了"救人"。在五四精英中，鲁迅大喊救救孩子，胡适提出"健全的个人主义"，陈独秀更是首次喊出"科学和人权"口号。不能否认，五四精英鼓吹"个性解放"，将育人问题推向了更深层次，但撕掉那层面纱显露出的仍是对国家的忧虑。在《敬告青年》一文中，陈独秀提出中国要想奋起直追，"当以科学与人权并重"，这里的"科学和人权"后来被"民主和科学"代替。可见，民主和科学虽然是自由主义的主要口号，但其思想底色依然是"民族国家"四个大字，这和《新青年》创刊之初救国启民的目标是完全吻合的。

胡适痛陈中国"百事不如人"，力倡"充分世界化"，竭力呼吁学习西方"再造文明"，他反对保守派复归传统的改造思路，也反对激进派暴力革命的改造思路，反对用贴标语、喊口号的方式诱导民众。隐藏在这声声批判背后的究竟是什么？答曰："固本才能御外。"他用力喊出"全盘西化"不过是要在方向上"充分世界化"，是在"整理国故"基础上的"西化"，而非抛弃所有传统"推倒重来"。他反对口号满天飞，也是因为"政治的改造是抵抗帝国侵略主义的先决问题"。

实质上，可能胡适本身也没有意识到，他所倡导的"个性解放"的终点仍然是国家民族前途，传统"修齐治平"的文化基因仍发挥着至关重要的影响。胡适等自由主义者在引进自由主义思想时，自觉不自觉地带入了民族情绪，他们一方面宣扬"个人价值"，试图"解放个性"；另一方面不自觉地带入国家民族意识，更多的是希望在强国护民的基础上维护弱势个体的利益。这样一种中国特色的自由主义，已超出了西方自由主义范畴，造成了胡适育人思路最终失败的结局！

二、内在：中国自由主义内在问题

（一）自由主义思想并非本土生发

自由、平等、民主等自由主义思想并非由本土生发，而是由西方引入。因此，在中国普通民众心中并没有多少自由主义的种子，而只停留在一些"洋人洋话"的认识。不得不承认，中国传统文化中并没有西方意义的自由主义，这也是为何自由、平等、民主一直未能在中国土壤生根发芽的原因。更重要的是，自由主义是作为反传统的形式引进的，它所主张的个人本位的价值观与中国传统国群本位的价值观根基上格格不入。难以得到来自本土意识的支持，是自由主义改造思路难以成为主流的重要内部原因。胡适等知识分子自然意识到这个问题，如何弥合这一分歧，他们一方面利用西方文明对传统文化进行批判；另一方面又拼尽全力挖掘传统中的"自由"基因，力证中国自古就有自由主义传统。在中国传统自由主义的研究上，胡适付出很多精力，在《自由主义是什么》《中国文化里的自由传统》《宁鸣而死，不默而生——九百年前范仲淹争自由地名言》《中国之传统与未来》等文中，多次论证中国传统文化中的自由思想。他曾指出中国的墨翟、扬朱、王充、韩愈、颜元等都是"为信仰自由奋斗的东方豪杰之士"，是可以同"西方同志齐名比美"的。胡适的苦心孤诣让人敬佩，却很难令人信服。从经济层面来看，西方自由主义发轫于商品经济发达的市民社会，具有深厚的经济基础；而中国几千年一直是农耕经济，是族民社会，其自由俨然不同于西方的自由。而胡适所列举的古代为自由奋斗的"豪杰之士"也终究不是真正的自由主义者。历史证明了这一点，如社会主义，它也属于外来思想，但正是因为中国传统文化中民族主义、国家主义、集体主义的基因，社会主义得到了传统的支援，也更容易与传统思想交融结合产生出新的思想和学说。传统文化中的国家和民族意识与社会主义相结合产生了现代的爱国主义和民族意识，但自由主义自始至终没能与传统文化交融，也未能成为影响社会民族发展的主流思潮。因此，胡适所主张的民主制度改造思路失败了，暴力革命的育人思路胜利了。

（二）中国资产阶级软弱无力

胡适虽然倡导充分世界化，号召"个性解放"，但如同那个时代多数知识分子一样，他依旧有深深的家国情怀。表面上，胡适的"健全的个人主义"制度育人目的是培育符合现代文明的自由意志人，实质上，最根本的目的依然是救国。如果"救国"是目的，那有更快成效的暴力革命更容易达到这一目的，这也暗示了渐进和平的制度育人方式必然让位于革命斗争方式，自由主义也必然服从于国家民族主义。具体来讲，我国资产阶级的软弱主要体现在资本主义经济、政治和文化三个方面。

1.经济

资本主义自由经济是实现自由主义的基础，也是建构民主制度的前提。西方资本主义发轫于13—14世纪的意大利半岛，起源于商品经济生活，而后逐渐演化为一种影响社会系统发展的经济制度。经济自由主义的形成引起了社会其他方面的发展，经过三四百年的发酵演变，形成了一种政治、经济、文化等彼此协调共进的自由主义体系。可以说，西方自由、独立、平等公民人格的养成，是由多种因素共同造就的一个复合体，绝不仅仅是民主政治制度一个向度训练而成的。而经济伦理知识的匮乏恰恰是胡适的一大弱点，这导致他往往夸大了对民主政治育人的预期。

我们不是奢求胡适对西方经济的了解能如同经济学家那样专业，但对西方资本主义经济层面的剖析和分解才能让人们更深地接近事物真相，毕竟经济比政治更深刻地改造了历史。胡适在十九岁初次离开祖国踏入美国，看到的是已经经过百年资本主义发展后一片繁荣景象。在《胡适留学日记》中，他记录和思考的大部分是有关美国的政治制度，可以说很少对美国资本主义经济进行过研究。

一方面，胡适严重忽视了资本主义经济对国家历史和人民性格的作用。在胡适那里，政治自由主义和文化自由主义才是他关注的重点，经济自由主义基本不在他考虑的范畴。中国"重义轻利"及文人远利的传统使得胡适无形之中忽视了对经济问题的关注，自然也无法提出什么良剂良策。在遇到一些经济层面的问题时，或是止于稍许言说或是寄希望于政治当局。据《中国资本主义发展历史》等数据表明，1894—1920年，民族资本发展迅速，"一战"期间更超过外资的1倍，中国经济发展速度也高于外资。到1920年，民族工业资本已经远远超过官僚资本。这表明民族资本已足够壮大，成为我国资本力量的主流，但胡适和当时民族资本家却没有将资本主义经济化为一种推动国家历史的动力，而将主力放在政治和文化自由主义上。可见，胡适对经济自由主义的漠视，不但使其理论思想缺乏根基，也使其育人思想偏于一隅，障于一叶。

另一方面，对经济自由主义不坚定。胡适等中国自由主义者本来就对经济自由主义漠不关心，在20世纪30年代国有制度兴起时，部分学人开始迅速左转。1926年7月，胡适在去往欧洲路上，途经苏联，苏联社会主义建设实验让胡适颇为震惊，他承认苏联是专制政体，但仍然相信通过教育可以"过渡到社会主义的民治时代"。他批判了个人本位的资本主义带来的种种危机："远识的人知道自由竞争的经济制度不能达到真正的'自由、平等、博爱'的目的。"出路何在？"一是国家利用其权力，实行制裁资本家，保障被压迫的阶级；一是被压迫的阶级团结起来，直接抵抗资本阶级的压迫与掠夺。"可见，当时的胡适面对苏联取得的巨大成效，对其国有制度产生了一些赞许之意。但1941年后，胡适开始公开批判、反对社会主义。从胡适育人思想发展的内在逻辑来看，这一转变受英国学者弗里德里希·奥古斯特·冯·哈耶克（Friedrich August Von Hayek）影响很大。哈耶克在其《通往奴役之路》一书中对计划经济进行猛烈批判，极力主张自由主义经济，认为经济自由是个人自由和政治自由产生的基石，而计划经济是与自由民主对立的。胡适对经济学本来就是两眼一抹黑，他一向觉着经济理论太难懂，也不愿费力去研究。在读了《通往奴役之路》一书后，犹如大梦初醒。1953年在评论哈耶克《通往奴役之路》的日记中，胡适说："哈耶克此书，论社会主义与自由主义不能共存，其意甚可取……我是一个自由主义者，其主要信条乃是一种健全的个人主义，不能接受各种社会主义的信条。"[①]不难看出，由于经济自由理论的匮乏，胡

---

① 余英时. 重寻胡适历程：胡适生平与思想再认识 ［M］. 桂林：广西师范大学出版社，2004：25.

适的态度既容易受苏俄社会发展实际影响，也容易随某些著名学者的言论而摇摆。不得不说，经济自由主义思考的缺失，使得胡适育人思想失去了根基，变成了一种纯文人的纯学术的评议。

2.政治

民主政治是胡适培育现代人的主要途径。新文化运动初期，胡适与陈独秀等同人相约二十年不谈政治，致力于文学革命，为政治变革造势。但是，随着民族危机的不断加重，胡适等人逐渐介入了政治。1920年8月1日，胡适等自由主义者与马克思主义者共同发表"争自由的宣言"，自此，以胡适为代表的中国自由主义者正式登上政治舞台。他们试图以"诤友""谏友"的姿态在国共两党之间保持中立，试图以自由主义思想将国家引入民主政治，将国人培育成为具有独立自由意志的现代人。如何达到目的？答曰："舆论。"胡适等人介入和影响政治的主要手段就是靠舆论，创办政治刊物也就成为其言论政治的主要途径。从《每周评论》《现代评论》《新月》到《自由中国》，胡适等学人试图通过创办刊物，来抨击时政，引导舆论。1929年5月开始，胡适陆续写下《人权与约法》《知难，行亦不易》等强烈谴责国民党专政的文章，突出批判了国民党的"训政"独裁的行径。1928年，胡适创办了《新月》月刊，展开了维护人权的运动。后来有关"自由与容忍"的讨论，及"反对蒋介石违宪连任""为雷震案奔走"等事件，表明胡适直至去世都奔走在争自由、反专制的道路上。在胡适等自由主义者的政治斗争中，最有影响的是"民权保障同盟"的成立。但在反对国民党侵犯人权的过程中，同盟内出现了分歧，他反对同盟提出的"无条件的释放一切政治犯"的主张，认为政治斗争要建立在法律基础上，并且赞同政府依法对反抗活动进行镇压。同盟中激进派与自由派的分歧，最终导致胡适与"同盟"的决裂。总体来看，胡适所希冀的民主制度造新人的制度育人思路无法实现。

那么，胡适所坚持的民主政治为何失败了？民主制度造新人的育人思路为什么没有奏效？除了救亡的时代危机及其他不利条件外，还有本身的原因，即资产阶级在政治上的软弱无力。以胡适为代表的中国自由主义者几乎没有真正的政治家，基本上都是启蒙者和政论家。事实上，他们参与政治的方式仅仅限于公共舆论领域，几乎很少触及真正的政治操作，他们不组建政党（即使胡适有过组建自由党的想法，并且在抗日战争期间短暂存在过自由主义政党，但不是被扼杀于萌芽，就是被很快瓦解、分化），不参与政治斗争，不计划夺取政权，只偏于以中立姿态做政府的"诤友""诤臣"，寄希望于通过劝谏来主导政治舆论，逼迫政府走上民主化道路。何其天真！胡适等人这种规避对抗，谋求"诤友"的愿望在内忧外患的局势下显然难以奏效。放眼世界上多数国家的民主化进程，没有一个不是经历了残酷的政治斗争，经历了整体市民社会的成熟后才走向成功。胡适的劝谏有影响，但并不是民主政治产生的必要条件。

3.文化

胡适等自由主义者从文化领域育人是卓有成效的。他们通过文学革命和教育改革进行的思想启蒙对社会产生了很大影响，这主要得益于自由主义者文化人的身份。即使是在新文化运动后期，国内各种主义、思想层出不穷，关于育人目标、育人内容及育人方式发生了很大的分歧，胡适也仍坚持"个人为本"的资产阶级育人目标和改良主义的育人方式。他依然坚持"健全的个人主义"，坚持一点一滴改良主义的育人方式。但在五四运动之后，尤其在抗日战争期间，多数自由主义者投入了革命斗争，只有少数人坚持学术启蒙工作，但也逐渐丧失了积极进取的姿态，只能独奏"学术独立，思想自由"的高歌，演变为一种胡适所批判的"独善的个人主义"。胡适也在剧烈的社会变革和政治思潮中努力平衡心中的自由主义。虽然，胡适主张的民主政治育人方式没有成功，但对文化层面上的教育改革和文学革命产生了巨大作用，他播种的星星之火已有燎原之势。当建设现代民族国家的任务完成后，人的现代化任务便显得尤为重要。在推进人的现代化这一任务中，胡适育人的智慧资源还将持续发挥影响。

（三）以浪漫主义式的批判为主调，建设性弱

如前所述，自由主义者大多为从事学术思想工作的文弱书生，多数是以批判为志业的启蒙家和政论家，很少有着力实践改革的政治家。而一项伟大的工程除了有必要批判思想，还需有系统的建设思想，并须付诸实践验证，这是任何一种改革成功的必要条件。然而，在这方面，自由主义者终没有令人瞩目的成果。这暴露了中国自由主义者的政论素养和理性思想并不深厚，他们倡导自由、平等、民主多是因事而发，多是意识到本土文明与西洋文明差距不同后的本能驱使，或是引进西方某个流派，或是学习西方某个思想家，却没有真正潜伸到自由主义的内在逻辑。胡适虽极力鼓吹自由、民主、法治，但没有就此基本概念作详细周全的解说，如自由、民主、法治的内涵、外延、历史生成脉络、可延伸性及与相关概念的关系等。不可否认，中国自由主义者对传统文化和时事政治的批判都是猛烈和深刻的，胡适对专制独裁政治的批判经历了晚清、北洋、国民党训政、抗战、返台等多个时期，可以说基本上贯穿了他的一生。在文化领域内，自由主义者的批判更是有"不破不立"的激进和彻底。

简言之，自由主义很大程度上体现为一种浪漫主义式的批判。浪漫主义源于个体的冲动，是一种冲破制度、习俗及平庸规范时产生的高峰生命体验。在浪漫主义者那里，在批判过程中形成的生命美感的体验不自觉地成为他们批判的最高目的，因此，过程中遭遇的挣扎和痛苦也可以忽略不计。用罗素的话来讲，浪漫主义者冲破种种束缚时所获得一种新的元气、权能感与登仙般的飞扬感才是他们最为珍视的结果。当然，浪漫主义有极大的积极作用，任何思想解放运动的产生都需要人类精神上的这种强烈的"登仙般的飞扬感"，而不仅仅是理性思考和判断。当知识分子面对中西文明的巨大不同时，反思、批判传统文化的束缚，冲破平庸的存在，就成为他们内心深处最热烈的渴盼，而这种主体向外扩张的移情实质上是对内

心渴盼的寄托、追寻和宣泄。以这种激情、浪漫、热烈、"以美为真"的快感来表达理想，更容易触发社会大众的行动和意志。从历史上看，这种萌发于现状的反传统情感曾在人类历史的发展中起到过巨大的推动作用。

但是，浪漫主义式的批判在情感浓郁期间可以产生爆发性效果，但随着激情的消退难以形成持续长久的推动力，也难以对社会和国民产生根本性的影响。倘若突遭外在危机事件，或启蒙实效不显，自由主义本身就会消解、破产。这源于中国自由主义者的根基不深，也暴露了他们沉迷引进批判而缺乏建设反思的致命困境。

（四）实验主义内在局限

试举一例，1930年，国内在如何"改造中国"这一重大问题上存在很大分歧。从当时各党派改造效果来看，马克思主义派"三座大山"的口号最为响亮，社会影响力也最为广泛，胡适为首的自由主义派及梁漱溟为首的乡村建设派在实际上未产生多大作用。因此，马克思主义派所主张的"革命暴力论"在当时社会很有号召力。梁漱溟曾在《敬以请教胡适之先生》一文中质疑："如果你不能结结实实指证出革命论的错误所在，如果你不能确确明明指点出改革论的更有效而可行，你便不配否认人家，而别提新意议。"虽然他也反对"暴力革命论"，但他所提倡的"改造世界"的方案和"暴力革命论者"有一共同前提，即面对千年之变格局，中国必须提出一根本、彻底的改造方案，否则必会国破家亡！当然，改变世界的前提是"解释世界"，针对当时学界有关"中国社会属于什么性质"的多种争论，梁漱溟继续问胡适："中国社会是什么社会？封建制度或封建势力还存不存在？……我向不知学问，尤其不会作历史考证功夫，对此题非常感到棘困；如何能一扫群疑，昭见事实，实大有望于先生。"

这一问题恰恰触及了胡适育人思想的极限。如果"大胆的假设"可以为这一问题答出个某一社会的假设，那么"小心的求证"便是要通过实验的方法去验证这一假设。让胡适还未实验就匆匆忙忙对中国社会做一个论断来指引社会改革，这对他来说，等于只要"大胆假设"，而舍弃"小心求证"，显然，这违背了胡适的学术信仰，他是做不到的。近代中国国情错综复杂，定性的标准何以确立？封建社会、半封建社会、资本主义社会又以何种方式判断？这需要艰辛而大量的研究。还有一个问题，胡适、梁漱溟二人都没能认识到：封建社会、半封建社会或资本主义社会这样论断对于当时的大部分讨论者来说，并非要得出一种合乎科学和理性的学术结论，而是要为其改造世界创造一种价值理论。这些问题的讨论多数是出于改造世界的要求，而非真正做好"历史考证"。

我们可以发现胡适育人思想有一定的特点，即实验主义思想——体现为"大胆假设、小心求证"，这在批判旧传统、旧道德方面表现出明显的力度，但在建设性方面却显不足。因为批判活动的对象是既有的旧事物，如忠孝文化、女子问题、奴性人格等，它们本身就是批判的证据，但改造世界的活动是一个完全面向未来的任务，它要求严格的科学方法，要求人们做到严谨而不武断。严守"小心求证"的实验主义者不敢轻易发表不负责任的言论，更别说讨论关于整个国家民族行动纲领的问题了，因为他们明白一言可以兴邦，一言可以毁邦，他们首要关注的是言论带来的社会效果。这似乎是一个悖论。实验主义要求决定方案一定要建立在充分的调查和论证之上，但无论是个人事务还是国家事务，有很多情况需要在短时间内做出判断和选择，而且这些情况超出了现存社会和认识的范畴，等不及人们尝试每种道路或方法，再一一比较和衡量。实质上，这一悖论产生于实验主义本身，实验主义遵循经验和历史的方法论，要求择其善者而从之，没有试验和比较就不可能为某一问题提供的一套可靠的方案和道路。正如当年人们希望杜威能为美国的社会问题提出一套确定的方案一样，杜威总以"创造的智慧"这样的老话来代替"固定的目的"或彻底解决的"灵丹妙药"，他怕自己的言论一旦教条化会给社会带来不可估量的损失。

今天似乎又面临着同样的问题，不去尝试每种道路和方案，我们又怎能判断各种主义的"利与弊"？不去判断又怎能确定走哪条路？胡适无疑已尽了自己的本分，而未来情形的样子则要看我们如何尽自己的本分了。

第三节　胡适育人思想的教育启示

一、中国人的现代化仍未完成，国民素质仍待提高

现代化的实质是人类文明的转型。在人类史上，有过两次世界性的文明转型：第一次是1.2万年前从渔猎社会到农业社会的转型；第二次是从农业社会向工业社会的转型，即近几百年已经发生和正在发生的社会转型，我们也称为"现代化"。现代化是世界性的历史现象，起始于18世纪工业革命，直至21世纪仍在不断扩展。

一般认为，现代化内容涵盖了社会各个方面，如工业、农业、政治、科技、文化教育等多领域。人们将现代化分为两个层面：一是外在现代化，指环境中影响人生活的各种变化，如市场化、民主化、法治化等。在经济上，现代化建立在市场经济基础上；在法治上，现代化意味着不断法治化、民主化；在城市发展上，由农业化走向城市化，城镇成为人类生活的集聚地。二是内在现代化，即人的现代化，指与现代社会发展需求一致的人的素质的发展。①

无论如何，现代化已成为人类文明发展的必经之路。工业革命以来，全球多数国家已步入或正在步入现代化，实现现代化成为人类共识。作为世界重要组成的中国，自然是世界现代化潮流中不可或缺的一员。基于

---

① 王正中. 人的现代化与社会现代化关系的哲学思考［J］. 理论参考，2003（4）：20-21.

此，我国制定了现代化的"两步走"战略：从2020年到2035年基本实现社会主义现代化，从2035年到本世纪中叶把我国建成富强民主文明和谐美丽的社会主义现代化强国。这种现代化的未完成意味着，目前无论是社会现代化还是人的现代化，都存在诸多缺陷和不足。

在社会现代化方面，社会存在如市场经济制度不完善、消费者权益得不到保障等现象。在人的现代化方面，由于千年封建专制观念及传统文化中的集体主义倾向等因素，使得历史上那些被猛烈批判过的国民素质问题如今在国人身上仍有迹可寻。历史先贤批判过的虚伪、奴性、冷漠、愚昧、顽固、自卑等劣根性特征仍然如幽灵般依附于国人身上。2013年，国家社科基金重大项目"当代中国公民道德发展研究"的专项调查表明：针对我国社会道德状况的评价，被调查者持"非常满意""比较满意""一般""比较不满意"和"非常不满意"的分别占2.1%、33.6%、41.5%、19.0%、3.8%。持"一般""比较不满意"和"非常不满意"的共占了64.3%，说明人们对我国社会道德的总体状况与理想预期还有较大的差距。其中，有过半的人认为当代道德主流是"相互利用"（39.2%）、"淡漠和疏远"（12.9%）、"对立和冲突"（1%）。而人们对公民道德持否定性评价的原因是认为"现在人们变得自私了"（76.3%）。可以说，"现在人们变得自私了"这一情况说明当前社会公德仍不乐观，人的现代化仍未完成。这些国民素质问题阻碍国民对民主政治的认知、限制国民对文明文化的汲取、阻滞国家变革力量的形成，亟须得到国人的关注和改善。

二、培养社会合格公民：中国人现代化之集中体现

改革开放后，中国社会主义现代化迈入新征程，中国人的现代化也进入新的发展阶段。民主政治、市场经济制度不断完善，新型公民社会不断

成熟和完善。市场经济要求现代人应具有自主、进取与创新精神，而非服从。民主政治的稳步推进，民主制度的不断完善，也呼吁着具有现代文明素质的合格公民的不断生成。

尽管合格公民的培养目标愈发得到政治经济条件的支持，但不可否认，历史上我们国家对"合格公民"教育目的的认识却经历了漫长的过程。整体来看，中华人民共和国成立以来，我国学校教育的培养目标经历了"劳动者"（20世纪50年代）、"接班人"（20世纪70年代）、"四有新人"（20世纪80年代）、"建设者"（20世纪90年代）的阶段。1988年，《中共中央关于改革和加强中小学德育工作的通知》第一次提出了"好公民"的培养目标："中小学德育工作的基本任务是，把全体学生培养成为爱国的具有社会公德、文明行为习惯的遵纪守法的好公民。"二十年后，党的十七大报告明确提出，要"加强公民意识教育、树立社会主义民主法治、自由平等、公平正义理念，培养社会主义合格公民"。2010年，《国家中长期教育改革和发展规划纲要（2010—2020）》再次重申要"加强公民意识教育……培养社会主义合格公民"。以上党和国家重要文件表明培养"合格公民"得到了国家层面的认同和支持。

与此相应，中国思想界和学术界也越来越形成共识：培养合格公民就是中国人现代化之集中体现。檀传宝教授明确指出："公民的培育是全部现代教育的终极目标，公民教育的倡导意味着教育性质的改变。"[1]杜时忠教授指出："培养合格公民乃中国进步之必然。"[2]可以说，中国人现代化的集中体现就是培养合格公民，这不仅是对我国学校教育目的的高度概括，也是中国特色教育事业发展的根本要求。

为何将"社会合格公民"作为学校教育和中国人现代化的理想目标

---

① 檀传宝，等. 公民教育引论：国际经验、历史变迁与中国公民教育的选择［M］. 北京：人民出版社，2011：183.

② 杜时忠，闫昌锐. 重申培养社会主义合格公民的价值立场［J］. 学校党建与思想教育，2019（21）：30-33.

最为合适？其一，具有一国国籍的人即可成为该国公民，合格公民具有最广泛的代表性；其二，公民对应的是民主制度，反映了国家和公民的平等关系，最为全面地代表了民主国家的政治立场；其三，公民文化彻底批判并抛弃了数千年专制传统文化，彰显独立、自由等人类精神智慧。近代以来，无数仁人志士提出了育人的思路，梁启超的教育改造、鲁迅的文学革命、胡适的制度改良等。无数历史事实证明，制度不同，公民的德行也不同。人从根本上是社会制度的产物。因此，要培养合格公民，其必经之路就是要建立和完善民主政治，不断改造专制制度下的臣民人格。明白了这点，就不难理解为何培养合格公民是历史之必然，是中国人现代化之集中体现。

三、公民性：胡适育人思想之主要特征

近代以来，在思想家和改革家所批判的国民素质问题中，排在前两位的是"奴隶性"和"缺乏公德心"，前者可称为"臣民性"，后者可称为"私民性"。臣民性主要表现为作为个体的人表现出的对权势、领袖等的奴隶意识。私民性则主要表现为以自身、家族利益为本，对社会、国家、群体、政治事务漠不关心，毫无责任心和公德心。

自严梁以来，政治家、思想家育人的理想目标是造就一种现代意义上的国家公民，他们所进行的育人过程也是一种公民教育过程。清末，受民族危机这一时代背景影响，育人的目标也主要按国（群）主义的价值标准而制定，突出"善群""利群""合群"的重要性。这一时期，国家利益高于个人利益，救亡压倒了启蒙。如梁启超的"新民"指定须有国家观念和权利意识等品质。梁启超在《新民论》中将公德作为公民道德素质的主要衡量标准。蔡元培更是将公德素质提升到"公益"的层面，认为一国之民除了要具备公共意识，还要"益美善其社会"，即仅有爱国家、尽公务

的意识还不够，还要谋求祖国长远发展利益，造福人民，遗泽百世。可以看出，这一时期，育人思想主要围绕着国家利益而展开，国（群）利益至上，个人的生命、价值、尊严等是被忽略的，是不受尊重的。

到了新文化运动时期，新文化运动精英一反"立国"之追求，开始强调育人中"个人"的价值，将个人人格的独立和个性解放视为育人的目的。胡适提倡"健全的个人主义"，强调须使"个人有自由意志"，个人要充分发展自身个性，要培养独立自由人格。陈独秀认为只有独立人格的人，才会真正独立行使权力，才能真正祛除传统奴性之人格。以独立、自由、平等为核心的个人本位价值成为国民改造思想的主流价值，培育独立人格的现代人也就成为育人的最终目的。

新文化运动后期，日本侵华加剧，启蒙运动转向政治革命。多数知识分子否定了育人的个人本位价值取向，将目光重新投向集体和社会，着重强调个人对社会的责任，更加关注育人的集体主义取向。所欲培养的国民（实则也是公民）再次导向强调公共性、责任感和奉献精神。

可以看出，中国近代史上的公民内涵经历了从重公共利益到重个人权利，再到重公共性的演变。公民性内涵的演变反映了我国育人思想的发展，也彰显了资本主义发展的阶段特征。要分析胡适育人思想中公民性内涵的演变，首先须从历史上探析公民性的渊源及发展。从人类历史整体来看，工业革命前，公民性的内涵强调公民的公共性和公共参与。工业革命以后，公民性的内涵更为偏向个人的权利、独立与自由。

（一）公民性内涵演变

1.共和主义时代公民性

共和主义时代公民性可追溯到古希腊时期。从词源上看，希腊文的"公民"（polites）由"城邦"（polis）演化而来。城邦是一个由公民组成的社会团体，城邦的社会成员有权参与城邦公共事务，为城邦的发展出谋划策。美德是城邦公民的首要核心品质和特征。但古希腊社会的美德并非今天社会中道德内涵。在共和主义社会中，美德意为在某一方面的能力。在公共福祉至上的传统社会中，判断公民是否称为好公民，并非看他是否具有分辨善恶是非的能力，而是看公民能否担当责任。正如亚里士多德所说："好公民必须全心全意地、充满效率地通过其思想和行动来奉献于共同的福祉。"[①]可以看出，共和主义社会的公民性主要体现为维护共同体、公共利益的能力和品质，正因如此，有利于共同体发展的乐群、勇气、爱国等品质便成为传统社会公民的主要素质构成。

根据"公共性至上"理念，传统社会好公民素质主要涵括两个方面：一是对公共社会的认同和贡献；二是对参与公共社会的能力。公民对公共社会的认同是公民主动参与公共社会，承担公共责任，作出贡献的前提和基础，没有对公共社会的认同，就谈不上为公共社会做贡献，更不可能成为好公民。在这样的社会中，没有个人与社会、个人利益与社会利益的区分，公民的生活就是公共社会的生活。以公共性为首的理念决定了公民对公共社会责任、义务的承担及在此基础上体现出的奉献精神。该责任、义务不同于自由主义的责任、义务。自由主义主张权利与义务的统一，权利建立在履行义务的基础上。但传统共和主义社会没有区分权利与义务，公民参与公共事务是权利，也是义务。这也意味着，面对公共利益，公民必须无条件服从共同体，当自身利益与公共利益相冲突时，须自觉放弃自身利益。

有了对共同体的认同，接下来共和主义社会的好公民还需有参与公共生活的能力。公民只有亲自参与公共生活实践，才称得上真正的公民。总之，对公共社会的无条件认同、自觉奉献和遵从是共和主义公民性的重要标志。

---

① 希特. 何谓公民身份［M］. 郭忠华，译. 长春：吉林出版集团有限责任公司，2007：44.

2.自由主义时代公民性

共和主义时代的公民性首先重视共同体利益，在共同体和个人关系上，强调共同体先于个人。公民性主要表现为对共同体的认同、遵从和奉献。自由主义时代的公民性则主要体现的是个人利益，在共同体和个人关系上，强调个人先于共同体。公民性的首要在于对个人权利的维护和保障。

自由主义公民区别于共和主义公民最主要方面是坚持个人权利与个人利益的优先。换言之，共同体在任何时候都要以个人权利为旨归，共同体不能以任何理由剥夺、牺牲个人以满足集体的需要。因为，国家是以人的利益而存在，如不能维护个人权利和利益，国家就失去了存在的必要。

个人权利成为自由主义公民身份首要标志。公民首先须具备权利意识，明白生命、尊严、自由和平等是公民生而具有，不可被剥夺的权利。没有对自身权利的清醒认识，就无权利的争取和捍卫。可以说，争取自身权利的合法性、合理性是每位公民的首要责任。国家对公民权利的规定和承认是个人利益的有力保障。这种保障是国家的义务，若没有国家的保障，公民的权利只能是空中楼阁。

自由主义时代，市场经济、商品经济的发展，个体挣脱了血缘、地缘的束缚，人的个性得到了解放，权利得到了维护。但不可否认，个人主义的过度强调在实践中容易演变为一种极端个人主义。极端个人主义带来了诸多病症，20世纪80年代开始，受到了社群主义和多元文化理论的质疑和批判。因此，自由主义时代对个人权利的维护和强调，又开始转向对公共利益和公共责任的强调。后新自由主义汲取社群主义的公共精神用以弥合极端个人主义的不足，新社群主义也开始吸收自由主义个人权利用以弥合和平衡社群主义的弊端。在不断地平衡和弥合中，公民性内涵得到丰富和发展。

实质上，当代公民的内涵已超越了自由主义公民性和共和主义公民性的两个极端，朝着兼具个体独立性和社会公共性的方向发展，也就是胡适所讲健全人格的人所强调的属性：一是个人的独立、权利与自由；二是个人对社会负责任。二者是二而一的工程。

（二）胡适育人思想的公民性内涵

具体而言，胡适育人思想的公民性内涵包括如下方面。

第一，独立性与交互性。独立人格是区分公民与臣民的第一要素。在古代社会中，普通人被视为君王的子民，属于臣民，而非公民。现代公民则要求个人能独立，成为自我抉择的主宰。因此，判断社会成员是不是公民，首先便是要看他是否具备独立思想、独立抉择的能力，是否已经祛除臣民思想和意识。胡适认为独立人格的公民有以下特点：①具有独立人格的公民首先必须精神独立。但独立并非"孤立"，任何人都不能孤立于他人、组织和团体。人一降生，便处于一定的社会关系网中，离不开所在的国家、社会和他人。人既能生活生存于社会关系中，又能保持自我精神的独立，不屈从任何威力，便是独立的公民。②独立人格的公民绝不是孤立于社会的单子式存在，而是承认他人主体性人格的共生式存在。公民之间既相互独立，又彼此依存，在共同体关系中，公民是交互主体，你中有我，我中有你，是具有平等人格的存在。这样的独立人格的公民才能实现主体性和公共性的统一，才能拥有独立健全人格，并敢于单干系、负责任。

第二，自由与平等。公民是独立人格的存在，独立的个人首先须有不受外界左右的权利，这一权利就叫自由。但自由并不是没有界限，因为自由的过度膨胀会造成对他人权利的侵犯和越界。此外，自由还须是平等的，公民是社会中具有平等人格和地位的一分子。

第三，公共性。胡适认为独立性要求公民具有自由、平等、价值和尊严，而公共性则要求公民须有责任意识和公共意识。现代公民不是以家族、族群为本的古代臣民，也不是以自身利益为本的自利人，而是具有公共观念和意识，能参与公共事务，承担公共责任的人。对于这点，胡适在对"健全的个人主义"的讨论中讲得更为明确，他曾提出一个人的自我价值实现是自我发展的最高价值，同时也指出这种个人价值的自我实现一定是与社会、共同体利益的实现一致的。可见，在胡适看来，一个人的价值在于对社会的意义，一名社会好公民的自我价值实现主要看他能否在社会中做好自己应该做的事情，能否承担应该承担的责任。

第四，民主协商。胡适认为，公民还需通过有"容忍异己"的态度参与公共事务。所谓"容忍异己"的态度也是民主协商，即公民一方面可以自由表达意志，另一方面也须尊重异己的存在，维护别人表达意愿的权利。协商是因为社会成员之间存在不同的利益需求，为了维护公民的平等权利和地位，就不能以牺牲一部分人的利益来满足另一部分群体，而是要保护每一位社会成员的合法权益，去寻得基本的共识，进而和平、合理地解决利益冲突。

可以说，胡适育人思想中的公民性内涵囊括了独立性和公共性双重意义，彰显了当代公民性的真正内涵。

四、社会合格公民教育：胡适育人思想之实践路径

为了进一步阐释胡适育人思想的教育意义，引导当前社会公民教育实践的发展，我们有必要汲取胡适育人的思想资源，对社会合格公民教育的建构目标、途径方法、评价机制等方面展开全面探究。

（一）社会合格公民教育目标

社会合格公民教育作为一种教育理念，不同时期的理想人格形象有不同的标准。在胡适看来，公民教育的目标在于培育具有健全独立人格的公民主体，这种具有健全独立人格的主体具有个体主体性和社会公共性两

个向度。主体性公民和公共性公民在历史上体现了两种不同的育人思路和价值取向，但健全独立人格指向的社会合格公民教育则努力寻求二者的平衡，以培养具有健全独立人格的公民为终极目标。这一目标有以下三层含义。

其一，健全独立人格是一种以个人"主体性"为基础的人格样态。

何谓人的主体性？公民和臣民的最大区别在于是否具有主体性，也就是是否具备自由意志，不受他人的控制与支配，是否具有自主能动性和独立判断力。胡适对健全独立人格做过这样的概括：一个具有健全独立人格的人首要的特征是有独立思想，不把别人的耳朵、眼睛当作自己的耳光、眼睛。[①]他认为个人要做到不依赖别人，才不会随波逐流、人云亦云，才能做一个真实自在、自决取舍的独立的人。

权利是独立人格的首要表现。一个人具有健全独立人格才真正配享权利和自由，若没有独立人格的内核，权利只会成为他人奴役和支配的手段。胡适指出，权利是健全独立人格的一种外化表征和延伸，也是健全独立人格的制度维护和保障，因此，培养健全独立人格还需对公民进行权利教育。其中，自由是公民权利中最为核心和基本的部分，权利自由意味着公民既不受他人控制与奴役，可按自由意志行使自身的权利。因此，公民教育必然是一种自由教育。

其二，健全独立人格是一种以"主体间性"为核心的人格样态。

主体间性是健全独立人格的必然要求，也是公民教育的价值使命。在胡适看来，现代公民不是单子式的自我存在，而是处于一定社会中的关系存在，不是霍布斯所言的"你死我活"的"豺狼关系"，而是"我中有你，你中有我"的共生关系。倘若公民教育只停留于公民权利和自由的张扬，结果只会造就一批目空一切、无法无纪的"皇帝"。当然，主体间性意味着对社会的高密度关注，它虽然不要求主体完全成为他者的对象性

---

① 胡适. 胡适说社会与文明［M］. 广州：广东旅游出版社，2014：72.

存在，但要求超越"独善主义"的"孤立存在"，是一种共荣、共生的存在。

人类社会从"共同体"发展而来。斐迪南·滕尼斯（Ferdinand Tonnies）认为共同体是基于血缘、情感的原始联结，如中国古代的氏族、家族，西方的城邦。共同体中集体利益高于个人利益，在这样的共同体之下，个人的尊严、价值和权利淹没于共同体的统一意志中。随着工业革命，市场经济的发展，人类结合方式开始从"共同体"迈向"社会"。社会是一种基于公民与国家（权利与义务）关系的"契约"存在，是两个完全不同意志的结合，它是超越于家族、血缘、情感等道德联结的分离式结合，在这种情景中，人与人的关系大部分发生于合作利益，"没有人会为别的人做点儿什么，贡献点什么……除非是为了报偿和回赠"[①]。这也意味着社会中的人与人是一种平等互利的交换关系，而国家则是公民依据契约出让部分权利，用以保障自身权利不受侵犯的协议体。

从社会与国家的历史沿革和本质特征来反观人与人之间的关系，可以看出，公民首先是独立性存在，而后才是共生性存在，是独立并依存于其他社会成员的主体。正如胡适的"健全的个人主义"主张，公民须保持自由意志，不把别人的眼睛和耳朵当作自己的眼睛和耳朵，须享有不受侵犯的权利和自由，但这种权利和自由是赋予所有社会成员的权利与自由，并非为某个或某类社会成员所特有，因此，公民个人也需要对其他社会成员"单干系、负责任"。

因此，胡适的公民教育所要培育的现代人要具有平等意识和平等观念，须视他者为同等地位的社会成员。古代统治者通过专制权力和暴力手段支配、控制他人来解决冲突，而民主社会公民之间地位平等只能通过民主协商协调矛盾。对于现代社会公民而言，权利和义务相伴而存，互为依存。没有人可以剥夺别人的权利和自由，也没有人可以毫无理由地主动出

---

① 滕尼斯. 共同体与社会［M］. 北京：商务印书馆，1999：93.

让自身的利益，个人的权利和自由建立在义务的承担上。因此，胡适所倡导的公民教育既是权利教育、自由教育，也是义务教育、责任教育，它不仅要培养公民的独立意识、自由和平等观念，而且要培育公民责任意识及民主协商的能力。

其三，健全独立人格是一种以"公共性"为主旨的人格样态。

公民的主体性代表公民享有不可剥夺的独立自由，主体间性代表社会中每个公民地位平等，而公共性则代表着公民之间的利益具有统一性和公共性。因此，从胡适育人思想来看，当代公民教育应该包括两个向度，既要强调自由教育，还要强调公共意识的培育。而当代公民教育一个很大的问题就在于公民公共性培养的缺失，造就了许多个性膨胀，无视公共利益，将个人凌驾于集体之上的单个人。

随着世界一体化、全球化的发展，公民生活区域不断扩大，公民不仅仅局限于当代以民族国家为主导的国家公民，还会扩展为区域公民、世界公民。所谓世界公民，不是说未来世界上众多民族国家会统一为一个国家——世界国家或地球国家，民族国家的公民会发展为世界国家的公民，而是指能够具备全球观念和视野，能站在全人类角度思考问题、解决问题的公民。就像马克思所言的"国家社会"之后的"无国家社会"的第三阶段"类社会"，在人类可以预见的未来社会，国家公民身份将会转变为世界公民，成为马克思所说的类主体，类主体将不再以单位国家为界限，而是以全人类为对象，是以人类整体的主体。这时，公民教育就超脱了国家为界的局限，成为真正教人成人的活动，人也将真正成为马克思所追求的自由而全面发展的人。

（二）社会合格公民教育路径

培养具有健全独立人格的现代人是胡适社会合格公民教育的目标，而如何实现这一目标涉及公民教育的途径与方法。具体来讲，社会合格公民教育的途径所要探究的是进行教育的最佳途径，它同时暗示了培养具有健全独立人格的公民过程中的内在理路和密码；公民教育的方法则主要聚焦于影响培养具有健全独立人格过程中所可利用的最佳方法和手段，它是实现公民具有健全独立人格的具体方略。

1.民主政治

胡适认为，培育具有健全独立人格公民的首要条件是民主政治。专制社会培养的是"臣民""私民"，国家是代表统治阶级利益对社会成员进行管理与统治的工具，广大社会成员只能被安排、被剥削、被处置，没有参与政治和社会公共事务的权利。而在民主社会中，国家代表人民进行社会统治，受人民监督。公民在法律面前人人平等，人人有权发表自身意志，民主协商解决社会成员的冲突与矛盾，这意味着每位社会成员的意愿都最大可能地被考虑与尊重。

在胡适看来，培养具有健全独立人格公民的首要途径便是在做公民的过程中形成公民应有素养，即在参与民主政治的过程中学做公民。其理论资源是实验主义的"做中学"。"做中学"由来已久，杜威明确提出"从做中学"概念，并论证了"从做中学"何以优于"从听中学"。胡适受杜威影响，认为"学做现代公民"必须从"做公民"的实践中实现，因此，他提出"制度是训练良好公民的重要工具"①，民治的过程就是培育现代公民的过程。

因此，培养社会合格公民，须在国家层面上推进民主政治的建设和改革。就当前来看，一要不断扩大有序政治参与。这就要国家不断完善人民代表大会制度，不断完善选举制度，保证公民选举与被选举的权利，确保公民广泛参与社会政治生活和公共事务。二要继续推进多方政治协商。担负我国政治协商重任的人民政协，应不断发挥与行使综合协商的功能和作用，尽可能实现在社会利益的整体最大化。三要继续加强民主监督，把权力关进制度的笼子。应不断完善民主监督制度，充分利用国家监督和社会

---

① 胡适．胡适文存：贰［M］．北京：华文出版社，2013：276-277．

监督，尤其是要加强媒体、舆论和网络监督体系，通过民主的制度培育民主的公民。

2.民主的生活方式

培育社会合格公民的重中之重是民主的生活方式。专制社会中，国家是统治者满足私利，剥削被统治阶级的暴力工具。统治阶级和被统治阶级之间不仅没有共同的意志和价值观念，而且是相互敌对的。而民主社会，国家和政府只是一种手段。所谓民主的生活方式有以下两层含义。

其一，从社会层面来看，民主应成为社会共识。在民主社会中所有社会成员有平等的地位，所有社会团体与组织也有平等的地位，能够平等地交流与沟通。

其二，从个体层面来看，民主的生活方式体现为个体的权利与责任。首先，公民拥有自由而平等的权利。自由作为公民权利的核心，表明了公民不受他人控制与奴役，可以按自由意志行使自己的权利。当然，自由的空间是以"不干扰别人的同样的自由"为最低限度。其次，公民的权利还表现为平等。在民主社会中，人与人是一种平等互利的关系。因此，公民享有的权利是平等的，也就是说不存在有特权的或阶层。最后，公民享有权利的同时要承担责任。公民不但是独立性存在，而且是共生性存在，是独立又依存于其他社会成员的主体。公民具有自由意志，享有不受侵犯和主宰的自由，但还须有责任意识和公共精神。

（三）社会合格公民教育方法

胡适曾在著作中对如何培育现代社会合格公民进行了详细的解析。他认为，学校教育在培育现代公民的过程中起着重要作用，因为学校作为教育活动的主要机构，在传播社会主要价值观方面起着不可替代的作用。从具体方法上来看，可以通过"变革学习方式"与"学校管理民主化"两个方面来培育现代公民。

1.变革学习方式

胡适育人思想深受杜威影响，他们都认为只有民主的生活方式才能培养出合格的公民。从教育来看，应重点关注课堂教学和课程建设。众所周知，杜威曾猛烈批判以知识为中心的学校教育，痛陈这种教育脱离儿童生活经验，难以培养出学生健全的人格和社会情感。脱离儿童经验的教育无法引起儿童兴趣，教师就必须通过强化外在动机——惩罚或奖励，或依赖教师权威来展开教育教学。胡适也批判中国教育只是"文字教育""记诵教育""书房教育"[①]，完全脱离了教育对象的生活实际。在当前的学校教育中，仍然还存在严重脱离儿童生活经验，以书本为中心的学校教育，在这种教育制度中，外在动机的强化代替了内在精神的唤醒，最终无法真正培养学生的社会责任意识。

何以解决这一问题？杜威主张要把与儿童生活密切相连的"主动作业"引入学校，使学校成为儿童社会生活的雏形，成为儿童精神发展的起点。他将厨房、工厂、园艺等与儿童生活紧密相连的课程引入课堂，在活动过程中，儿童贡献出自己的力量并取得一定成果，这些成果从精神上说是社会性的。胡适也曾呼吁办学堂"尽不必问教育部规程是什么，须先问这块地方上最需要的是什么"[②]。杜威、胡适二人都关注现实教育资源，都强调通过"主动作业"调动儿童参与的兴趣。在这一过程中，儿童亲自搜集资料、调查观摩、提出假设、结果论证，真正提高了发现问题和解决问题的能力。

近年来，从学校现实来看，合作学习已成为中国学校课堂教学的重要形式，相对于个人竞争的形式进步很多，但在民主共同体建设和学习氛围营造方面还有进步的空间。而学习方式变革对于学校民主生活共同体建设有很大的促进作用：其一，可以尊重个体差异；其二，在共同体中学会参

---

① 胡适. 胡适全集：8卷［M］. 合肥：安徽教育出版社，2003：380.
② 胡适. 我的歧路［M］. 沈阳：万卷出版公司，2014：132.

与的精神。因为，在民主生活共同体中"所有的个人都有机会作出贡献，并且对社会事业都具有责任感"，师生作为教育主体共同参与教学活动。学生是被教育者，也是发现者和探索者；教师是引导者，也是学习参与者。师生在民主共同体中一起获得成长和经验。

2.学校管理民主化

在民主社会中，人们通过参与公共事务，民主协商，共同承担社会责任，这意味着每位社会成员的意愿都得以被考虑与尊重。因此，学校管理方式的民主变革是民主社会的应有之义。在胡适看来，学生应全面参与到教学活动和学校管理事务中，这样才能使学生明白如何制定、遵守和完善组织规则，如何维持事务秩序，如何定位人在社会事务的角色，不至于被他人控制和把持。如在经济实业方面，学生需要加入经济事务的各个方面，如机器、图书的保管、房屋的整理和清扫、实验器材的保修、经费的经营与管理等，进而才能养成一种参与管理，负责任的社会心理和习惯。这种参与管理的实际经验和公共生活能力可以增进学生的社会情感和社会能力，对于将来从事社会性事务具有巨大的迁移性影响。

学生以主体的姿态平等参与学校的组织管理，"管"的过程中学会"如何管"，这正是胡适的"做中学"教育观念。这种"做中学"理念对当代学校道德教育的启发意义主要集中在学校生活共同体领域：在学生民主参与经济实业和管理事务的过程中，他们收集材料，发现问题，民主协商，验证结论，依据自身经验和理性思维进行思考，学会如何与他人交流、沟通，如何安排共同生活，如何共同发展。在当前教育实践中，仍不免存在单项的、管理型的学校组织管理形式，这样的教育体制培养出来的只能是些"服从者"和"私民"。而民主管理体制培养的才是真正的参与者和制定者，才是符合民主社会文明的现代公民，他们有独立思考能力，有理性成熟的思维，能够理性地处理人与人、人与社会的关系。

（四）社会合格公民教育评价机制

评价机制是社会合格公民教育理论与实践的不可或缺的部分，它是实现在社会合格公民教育目标的客观要求，也是改进社会合格公民教育实践的内在需要。

第一，从目的来看，公民教育评价机制的目的在于引导与调控健全人格教育的具体进程，规范与指导教师教育的具体方法，保障并促进学生最终养成独立、自由、健全的道德品质和行为。

第二，从评价主体来看，社会合格公民教育本质上是一种尊重学生内在理性的教育理念，学生品质的形成受被教育者自我理性和自由精神觉醒的影响。公民教育的评价主体是多元的，涵括了公民教育过程中的教育者、同伴群体、学生等所有参与者。教育者是教育活动的直接参与者和引导者，他们对学生受教育进程有主导性作用。同伴群体是学生接受教育的最直接陪伴者和见证者，他们不仅直接参与学生学习过程，而且能够详细见证学生的发展过程。而学生本人更是接受教育的主体，以健全人格为主旨的公民教育从本质上讲是一种基于公民主体的教育。因此，学生理应依据自身理性和独立意志对教育过程和教育效果做出判断，故学生应成为公民教育的最直接和最重要主体。

第三，从评价方法来看，社会合格公民教育倡导一种发展性和人文性的评价方法。因为人的道德、人格发展本身具有潜在性，而且以培养健全独立人格为目的的公民教育的目标是培养学生的独立自由意志，这关乎公民自由精神的建构，需要采用一种更具人文手段和发展性的评价方法。在此意义上，公民教育是一种引导学生走向独立自由精神的教育活动，应选择以人的价值意义和精神自由为主要尺度的方法。这种人文性的评价方法更关注学生的自由精神和独立人格，它要求立足于学生的自由意志，在民主自由精神价值的引导下不断涵养学生的良好品质。

参考文献

一、论著

［1］柏林．自由论［M］．南京：译林出版社，2003．

［2］曹伯言．胡适自传［M］．合肥：黄山书社，1986．

［3］陈独秀．陈独秀著作选［M］．上海：上海人民出版社，1993．

［4］丁晓强．近世学风与毛泽东思想的起源［M］．贵阳：贵州人民出版社，1992．

［5］杜时忠．德育十讲——制度何以育德［M］．武汉：华中师范大学出版社，2019．

［6］杜威．民主主义与教育［M］．北京：人民教育出版社，1990．

［7］杜威．新旧个人主义［M］．孙有中，等译．上海：上海社会科学院出版社，1997．

［8］杜威．学校与社会：明日之学校［M］．赵祥麟，等译．北京：人民教育出版社，1994．

［9］格里德．胡适与中国的文艺复兴［M］．南京：江苏人民出版社，1996．

〔10〕耿云志，宋广波．纪念胡适先生诞辰120周年国际学术研讨会专辑
　　　〔C〕．北京：北京社会科学文献出版社，2012．

〔11〕耿云志．胡适研究论稿〔M〕．北京：社会科学文献出版社，
　　　2007．

〔12〕耿云志．胡适研究论稿〔M〕．成都：四川人民出版社，1985．

〔13〕郭国灿．中国人文精神的重建〔M〕．长沙：湖南教育出版社，
　　　1992．

〔14〕胡适，梁实秋，罗隆基．人权论集〔M〕．北京：中国长安出版
　　　社，2013．

〔15〕胡适．读书与做人〔M〕．广州：广东旅游出版社，2014．

〔16〕胡适．胡适口述自传〔M〕．桂林：广西师范大学出版社，
　　　2005．

〔17〕胡适．胡适留学日记〔M〕．长沙：岳麓书社，2000．

〔18〕胡适．胡适文存〔M〕．北京：华文出版社，2013．

〔19〕胡适．胡适文集〔M〕．北京：北京大学出版社，1998．

〔20〕胡适．胡适全集〔M〕．合肥：安徽教育出版社，2003．

〔21〕胡适．胡适文集〔M〕．北京：北京大学出版社，1998．

〔22〕胡适．人生有何意义〔M〕．北京：北京理工大学出版社，
　　　2016．

〔23〕胡适．容忍与自由〔M〕．北京：北京理工大学出版社，2016．

〔24〕胡适．社会与文明〔M〕．广州：广东旅游出版社，2014．

〔25〕胡适．四十自述〔M〕．北京：北京理工大学出版社，2016．

〔26〕胡适．四十自述〔M〕．合肥：安徽教育出版社，2006．

〔27〕胡适．我的歧路〔M〕．沈阳：万卷出版公司，2014．

〔28〕胡适．我们所应走的路〔M〕．北京：北京理工大学出版社，
　　　2016．

［29］胡适. 哲学与理想［M］. 广州：广东旅游出版社，2014.

［30］胡适. 政治概论［M］. 北京：生活·读书·新知三联书店，
2013.

［31］胡文生. 向西方学习：走进胡适［M］. 北京：中国社会出版
社，2004.

［32］霍学伟. 中国人的行动逻辑［M］. 北京：社会科学文献出版
社，2001.

［33］江勇振. 舍我其谁：胡适［M］. 杭州：浙江人民出版社，
2013.

［34］教军章. 中国近代国民性问题研究的理论视域及其价值［M］.
北京：中国社会科学出版社，2009.

［35］蓝维，高峰，吕秋芳，等. 公民教育：历史、理论与实践探索
［M］. 北京：人民出版社，2007.

［36］黎靖德. 朱子语类［M］. 北京：中华书局，1986.

［37］李大钊. 李大钊全集［M］. 石家庄：河北教育出版社，1999.

［38］李大钊. 中国现代思想史资料简编：下卷［C］. 杭州：浙江人
民出版社，1982.

［39］李何林. 鲁迅"国民性思想"讨论集［C］. 天津：天津人民出
版社，1982.

［40］李泽厚. 中国古代思想史论［M］. 合肥：安徽文艺出版社，
1994.

［41］梁景和. 清末国民意识与参政意识研究［M］. 长沙：湖南教育
出版社，1999.

［42］梁启超. 梁启超全集［M］. 北京：北京出版社，1999.

［43］梁启超. 清代学术概论［M］. 上海：上海古籍出版社，1998.

［44］梁启超. 饮冰室合集［M］. 北京：中华书局，1988.

［45］梁启超. 饮冰室文集［M］. 昆明：云南人民出版社，2001.

［46］梁启超. 中国启蒙思想文库［C］. 沈阳：辽宁人民出版社，
　　　1994.

［47］林语堂. 中国人［M］. 上海：学林出版社，1994.

［48］林毓生. 中国传统的创造性转化［M］. 北京：生活·读书·新
　　　知三联书店，1988.

［49］刘禾. 跨语际实践［M］. 北京：生活·读书·新知三联书店，
　　　2002.

［50］刘克明，王克兴. 中国传统人格批判［M］. 南京：江苏人民出
　　　版社，1995.

［51］刘再复，林岗. 传统与中国人［M］. 合肥：安徽文艺出版社，
　　　1999.

［52］鲁洁. 当代德育基本理论探讨［M］. 南京：江苏教育出版社，
　　　2010.

［53］鲁迅. 鲁迅全集［M］. 北京：人民文学出版社，1981.

［54］罗尔纲. 师门五年记：胡适琐记［M］. 北京：生活·读书·新
　　　知三联书店，1998.

［55］罗素. 西方哲学史：下卷［M］. 北京：商务印书馆，1956.

［56］罗志田. 再造文明的尝试：胡适传（1891—1929）［M］. 北
　　　京：中华书局，2006.

［57］吕锡琛. 道家与民族性格［M］. 长沙：湖南大学出版社，
　　　1996.

［58］马克思. 马克思恩格斯选集［M］. 北京：人民出版社，1972.

［59］马克思，恩格斯. 马克思恩格斯文集［M］. 北京：人民出版
　　　社，2009.

［60］明恩博. 中国人的素质［M］. 上海：学林出版社，2001.

［61］欧阳哲生，刘红中．中国的文艺复兴［M］．北京：外语教学与研究出版社，2001．

［62］钱理群．心灵的探寻［M］．北京：北京大学出版社，1999．

［63］任剑涛．从自在到自觉［M］．西安：陕西人民出版社，1992．

［64］沙莲香．中国国民性［M］．北京：中国人民大学出版社，1988．

［65］沙莲香．中国人百年——人格力量何在［M］．北京：新华出版社，2000．

［66］沈卫威．传统与现代之间：寻找胡适［M］．郑州：河南大学出版社，1994．

［67］檀传宝．公民教育引论：国际经验、历史变迁与中国公民教育的选择［M］．北京：人民出版社，2011．

［68］汤奇学．中国近代思想文化史探索［M］．合肥：安徽大学出版社，2005．

［69］唐德刚．胡适杂忆［M］．上海：华东师范大学出版社，1999．

［70］滕尼斯．共同体与社会［M］．北京：商务印书馆，1999．

［71］王鉴平，杨国荣．胡适与中西文化［M］．成都：四川人民出版社，1990．

［72］王跃．变迁中的心态——五四时期社会心理变迁［M］．长沙：湖南教育出版社，2000．

［73］温元凯，倪端．改革与国民性改革［M］．北京：中国青年出版社，1986．

［74］希特．何谓公民身份［M］．长春：吉林出版集团有限责任公司，2007．

［75］王栻．严复集［M］．北京：中华书局，1986．

［76］严复．严复诗文选注［M］．南京：江苏人民出版社，1975．

［77］英格尔斯. 人的现代化——心理、思想、态度、行为［M］. 殷陆君，译. 成都：四川人民出版社，1985.

［78］余英时. 中国近代思想史上的胡适［M］. 台北：联经出版事业公司，1998.

［79］余英时. 中国思想传统的现代论释［M］. 南京：江苏人民出版社，2003.

［80］余英时. 重寻胡适历程：胡适生平与思想再认识［M］. 桂林：广西师范大学出版社，2004.

［81］俞祖华. 深沉的民族反省：中国近代改造国民性思潮研究［M］. 济南：山东人民出版社，1996.

［82］俞祖华. 深沉的民族反省［M］. 济南：山东人民出版社，1996.

［83］袁洪亮. 人的现代化［M］. 北京：人民出版社，2005.

［84］张宝明. 启蒙与革命——五四激进派的两难［M］. 上海：学林出版社，1998.

［85］张岱年，程宜山. 中国文化与文化论争［M］. 北京：中国人民大学出版社，1990.

［86］张枏，王忍之. 辛亥革命前十年间时论选集［M］. 北京：生活·读书·新知三联书店，1960.

［87］张宏杰. 中国国民性演变历程［M］. 长沙：湖南文艺出版社，2016.

［88］张志建. 严复学术思想研究［M］. 北京：商务印书馆国际有限公司，1998.

［89］钟叔河. 周作人文选（Ⅰ）：1898～1929［M］. 广州：广州出版社，1995.

［90］周明之. 胡适与中国现代知识分子的选择［M］. 雷颐，译. 桂

林：广西师范大学出版社，2005.

二、期刊论文

（一）英文期刊

［1］Hu S. My Credo and Its Evolution［J］. A Series of Intimate Credos，1931：239.

［2］Koons C R. Individualism vs. Collectivism［J］. Academic Questions：A Publication of the National Association of Scholars，2019，32（4）.

［3］Wells G. Schooling：the contested bridge between individual and society［J］. Pedagogies：An International Journal，2010（12）：37-48.

［4］Ong P L，Selvadurai，Sivapalan，et al. Education for Social Cohesion：Promoting 1R+3R through School curriculum［J］. e-BANGI Journal，2016，11（2）：258-282.

［5］Kandel. Nationalism and Education［J］. Education Digest，1958，23（9）：27-31.

［6］Lilian D V. Educação，Nacionalismo，Cosmopolitismo：Por uma Escola Pública Cosmopolita［J］. Education Policy Analysis Archives，2019，27（148-150）：1-16.

［7］Brint，Steven. Gemeinschaft Revisited：Rethinking the Community Concept［J］. Sociological Theory，2001，19（1）：1-6.

［8］Siebers，Hans. Are education and nationalism a happy marriage? Ethno-nationalist disruptions of education in Dutch classrooms［J］.

British Journal of Sociology of Education, 2019, 40（1）：33-49.

［9］Barrow, Elizabeth. No Global Citizenship? Re-envisioning Global Citizenship Education In Times of Growing Nationalism［J］. High School Journal, 2017, 100（3）：163-165.

（二）中文期刊

［1］鲍绍霖. 国民性研究：东西文化相互影响三部曲［J］. 清华大学学报, 1991（1）：71-74, 43.

［2］陈高原. 论近代中国改造国民性的社会思潮［J］. 近代史研究, 1992（1）：1-22.

［3］陈科美. 中国教育改造与中华民族性［J］. 中华教育界, 1934（21）：7-10.

［4］陈先初, 刘旺华. 胡适与现代中国的自由主义［J］. 求索, 2008（3）：208-211.

［5］迟蕊. 鲁迅的"国民性"概念辨析——从与"民族性"概念的关联出发［J］. 鲁迅研究月刊, 2016（1）：24-33.

［6］褚宏启. 培育现代人与改造国民性［J］. 中小学管理, 2016（4）：58.

［7］崔若峰. "教育与国民性"学术研讨会在西南大学召开［J］. 中国教育学刊, 2013（11）：87.

［8］崔志海. 中国近代改造国民性思想的先声——戊戌维新派对传统民族文化心理的反思［J］. 史学月刊, 1994（4）：38-43.

［9］杜时忠, 闫昌锐. 重申培养社会主义合格公民的价值立场［J］. 学校党建与思想教育, 2019（21）：30-33.

［10］范思璐, 宋怡凡. "科学救国"先驱秉志的"国民性"认识［J］. 自然辩证法研究, 2013（5）：100-104.

［11］冯建军．国民性改造的社会支持与教育使命［J］．南京社会科学，2014（1）：123-132.

［12］冯建军．社群主义公民身份与公民教育［J］．社会科学战线，2013（11）：202-209.

［13］付开镜．论孔孟政治思想的全体国民性［J］．理论月刊，2011（8）：62-64.

［14］龚秀勇．集体主义与个人主义之关系再省思［J］．理论与改革，2012（1）：44-48.

［15］韩明港．反思"国民性"：儒家政治哲学与"国民性"论题的产生［J］．重庆大学学报（社会科学版），2010，16（4）：114-118.

［16］和学新，郭文良．教育中政治仪式锻造国民性的可能与限度［J］．西北师大学报（社会科学版），2016，53（1）：103-108.

［17］黄寿松．论马克思主义与五四后期国民性改造思想的转向［J］．现代哲学，2010（6）：44-48.

［18］蒋进国．民国书报检查制度与20世纪30年代上海自由主义知识分子——以胡适为中心［J］．出版科学，2018，26（2）：118-123.

［19］靳松．"易卜生主义"式的个人主义——浅析胡适的政治哲学［J］．西南大学学报（人文社会科学版），2006（2）：107-109.

［20］柯卫．人的现代化与社会现代化的统一性［J］．社会科学家，2007（1）：9-12.

［21］李国强，申明．国民性教育：走向共性与多元的动态平衡——基于国民性众数人格理论的思考［J］．江苏高教，2016（4）：15-

19.

［22］李太平，王超. 教育培养国民性的可能与限度［J］. 高教发展与
评估，2014，30（1）：72-78，107.

［23］李卓. 关于中日家族制度与国民性的思考［J］. 日本学刊，2004
（3）：78-90.

［24］梁景时，梁景和. 清末思想界对"国民性弱点"的批判［J］. 江
汉论坛，1991（3）：67-72.

［25］刘奎. 鲁迅有关国民性思想的起源［J］. 读书，2019（4）：94-
98.

［26］刘黎明. "国民性"探究的教育学诉求［J］. 中国教育学刊，
2014（7）：28-32.

［27］龙宝新. 论面向国民性重塑的现代国民教育［J］. 南京社会科
学，2014（6）：136-142.

［28］卢惠. 新文化运动时期胡适的国民性改造思想［J］. 科教文汇
（上旬刊），2008（11）：210，213.

［29］雒新艳. 马克思主义对中国国民性的影响及未来引领［J］. 山西
大学学报（哲学社会科学版），2011，34（3）：105-109.

［30］马少茹，张三萍. 中国自由主义与儒学传统——以胡适为例的
说明［J］. 中南民族大学学报（人文社会科学版），2016，36
（5）：193-196.

［31］蒙泽察. 教育与国民性：历史纠葛与现代性使命［J］. 教育学术
月刊，2014（8）：34-38.

［32］米华. 近代国民性改造思想之外在矛盾及其终结［J］. 求索，
2007（9）：128-130.

［33］摩罗. "国民劣根性"学说是怎样兴起的［J］. 书屋，2008
（10）：4-9.

［34］摩罗．国民性批判与近代思想史的逻辑关系［J］．鲁迅研究月刊，2009：9.

［35］牛震乾．"国民性"视野下的教育改革困境［J］．教学与管理，2014（18）：16-19.

［36］齐姗，侯怀银．论教育与国民性的关系——一个不断演进的领域［J］．教育理论与实践，2014，34（16）：7-10.

［37］尚洪波．"国民性与教育"论题的百年考察与重思［J］．江海学刊，2015（5）：207-212.

［38］适之．世界第一女杰贞德传［J］．竞业旬报，1908（27）：5-17.

［39］孙强．被迫接受、抵制与消解——关于国民性的多重实践［J］．宝鸡文理学院学报，2006（3）：50-53，65.

［40］孙强．国民性话语：一个民族主义的视角［J］．贵州民族研究，2007（1）：13-19.

［41］孙振东．人的国民性、世界历史性与教育［J］．教育学报，2016，12（6）：3-9.

［42］汤景泰．启蒙的两种路向——论"五四"前后胡适与鲁迅的个人主义思想［J］．北方论丛，2006（6）：25-28.

［43］汤奇学，陈宝云．"救国"与"救人"——辛亥革命时期与新文化运动时期改造国民性思想之比较［J］．安徽大学学报，2003（4）：136-144.

［44］田尊道，和学新．论国民性发展中的教育作用机制［J］．教育理论与实践，2014，34（25）：12-16.

［45］铁儿．爱国［J］．竞业旬报，1908（34）：1-6.

［46］铁儿．独立［J］．竞业旬报，1908（35）.

［47］铁儿．论毁除神佛［J］．竞业旬报，1908（28）.

[48]铁儿．中国人之大耻［J］．竞业旬报，1908（36）：9-12.

[49]汪卫东，张鑫．国民性：作为被"拿来"的历史性观念——答竹潜民先生兼与刘禾女士商榷［J］．鲁迅研究月刊，2003（1）：65-73.

[50]王学钧．刘禾"国民性神话"论的指谓错置［J］．南京工业大学学报，2004（1）：48-53.

[51]王颖．胡适"健全的个人主义"在五四时期的积极影响［J］．理论探讨，2000（3）：35-37.

[52]王正中．人的现代化与社会现代化关系的哲学思考［J］．理论参考，2003（4）：20-21.

[53]魏韶华，金桂珍．"个人主义"——"五四"一代之"公同信仰"——从鲁迅、胡适的易卜生观切入［J］．山东社会科学，2005（8）：105-109，96.

[54]吴小鸥，张瑞．"国家至上"的国民性改造——基于1933年《（新课程标准适用）复兴公民教科书（高小）》的分析［J］．湖南师范大学教育科学学报，2017，16（2）：49-53.

[55]吴元发．超越国民性：教育的人性旨归［J］．教育学术月刊，2014（8）：27-33.

[56]夏泉源．国民性视域下的教育变革与人的现代化［J］．教育科学研究，2014（1）：11-14.

[57]许纪霖．中国自由主义的乌托邦——胡适与"好政府主义"讨论［J］．近代史研究，1994（5）：115-133.

[58]闫润鱼、陆央云．20世纪90年代以来中国近代国民性改造思潮研究述评［J］．教学与研究，2009（3）：63-71.

[59]闫润鱼．由"重民"向"改造国民性"思潮演化的政治学分析［J］．教学与研究，2004（5）：53-59.

［60］颜德如. 比较视野下的胡适自由主义思想［J］. 黑龙江社会科学，2016（2）：25–31.

［61］颜俊儒. 胡适与西方自由主义［J］. 社会科学家，2004（3）：15–17.

［62］颜炼军. 在"民族"与"国民性"之间——试论鲁迅"民族"观念的变迁与困惑［J］. 中国现代文学研究丛刊，2018（3）：94–104.

［63］于伟. 儒家的濡化与国民性问题再思［J］. 教育研究，2016，37（6）：104–112.

［64］俞可平. 当代西方政治哲学的流变：从新个人主义到新集体主义［J］. 社会科学战线，1998（5）：102–110.

［65］俞祖华. 启蒙的发轫——魏源"平人心之积患"思想述评［J］. 社会科学辑刊，1994（3）：96–101.

［66］羽白. 清末国民性问题的讨论［J］. 鲁迅动态研究，1987（8）：23–27.

［67］袁洪亮. 李大钊国民性改造思想的时代性转变——从"立宪国民"到"无产阶级新人"［J］. 哲学研究，2010（11）：26–30.

［68］袁洪亮. 论近代国民性改造思潮的马克思主义转向：无产阶级新人思想［J］. 中国特色社会主义研究，2010（5）：52–56.

［69］袁洪亮. 论新文化运动时期胡适的国民性改造思想［J］. 现代哲学，2010（6）：38–43，48.

［70］袁洪亮. 中国近代国民性改造思潮研究综述［J］. 史学月刊，2000（6）：135–141.

［71］曾水兵. 再论国民性改造是当代素质教育的重要内涵［J］. 教育科学研究，2014（8）：31–34，47.

［72］张宝明. 国民性：沉郁的世纪关怀——从梁启超、陈独秀、鲁迅的思想个案出发［J］. 郑州大学学报（社会科学版），2000（2）：117–122.

［73］张海波，杨兆山. "国民性"问题的教育视角［J］. 东北师大学报（哲学社会科学版），2018（5）：185–189.

［74］张建立. 日本国民性研究［J］. 日本学刊，2015（S1）：82–89.

［75］张建立. 中国的日本国民性研究现状与课题［J］. 日本学刊，2011（1）：132–146.

［76］张鹏君，李太平. 国民性培养的教育学思考［J］. 高等教育研究，2014，35（5）：25–29，48.

［77］张锡勤. 中国近代资产阶级思想家对"奴隶性"的批判［J］. 学习与探索，1988（6）：54–61，145.

［78］张向东. 胡适早年的"国民性"批判思想——以《竞业旬报》为中心的考察［J］. 现代中文学刊，2011（6）：30–36.

［79］张晓东. 30年来集体主义与个人主义交锋的理论历程［J］. 福建论坛（人文社会科学版），2008（10）：42–44.

［80］张钊贻. 鲁迅"国民性"思想与中国文化复兴与自信［J］. 齐鲁学刊，2019（3）：146–152.

［81］赵慧峰，俞祖华. 从严复到胡适：近代自由主义思潮的传承与调适［J］. 文史哲，2010（6）：69–78.

［82］郑师渠. 辛亥革命后关于国民性问题的探讨［J］. 天津社会科学，1988（6）：39–45，25.

［83］郑云山. 辛亥前夕的国民性问题探讨［J］. 近代史研究，1992（1）：23–36.

［84］周建超. 梁启超与《新民说》［J］. 江苏社会科学，1997

（4）：125–131.

［85］周建超．论辛亥革命前的改造国民性社会思潮［J］．社会科学研究，1997（5）：143–149.

（三）学位论文

［1］曹林红．"国民性"主题的流变与中国现代文学［D］．长春：吉林大学，2007.

［2］陈丛兰．十八世纪西方中国国民性思想研究［D］．北京：中国人民大学，2009.

［3］陈勇军．严复的制度与国民性互动思想研究［D］．北京：首都师范大学，2011.

［4］陈占彪．"五四"一代知识分子观研究［D］．上海：复旦大学，2007.

［5］教军章．中国近代国民性问题研究的理论视阈及其价值［D］．哈尔滨：黑龙江大学，2007.

［6］李凤成．理想与现实之间［D］．南京：南京大学，2014.

［7］李运昌．再造文明与教育革新［D］．保定：河北大学，2010.

［8］刘美忠．五四时期胡适的国民性改造思想论略［D］．长沙：湖南师范大学，2003.

［9］刘岩．重读胡适［D］．济南：山东大学，2005.

［10］雒新艳．马克思主义意识形态与中国国民性关系历史透视［D］．南京：南京大学，2012.

［11］马艳玲．胡适文化观研究［D］．哈尔滨：黑龙江大学，2014.

［12］米华．早年毛泽东国民性改造思想研究［D］．长沙：湖南师范大学，2002.

［13］年伟．胡适国民性改造思想及其当代德育借鉴［D］．深圳：深圳

大学，2017.

［14］冉华. 传播者胡适与胡适传播思想研究［D］. 西安：陕西师范大学，2015.

［15］汤景泰. 宁鸣而死，不默而生［D］. 上海：复旦大学，2008.

［16］田广文. "群"与"己"的嬗变［D］. 济南：山东大学，2005.

［17］王光和. 西方文化影响下的胡适文学思想［D］. 北京：首都师范大学，2009.

［18］吴麟. 胡适言论自由思想研究［D］. 武汉：华中科技大学，2008.

［19］徐希军. 理想主义：胡适国际政治思想研究［D］. 武汉：华中师范大学，2006.

［20］杨国良. 输出与输入［D］. 上海：复旦大学，2003.

［21］张超. 为大中华，造新文学［D］. 济南：山东师范大学，2010.

［22］张金林. 论新文化运动时期胡适的改造国民性思想［D］. 福州：福建师范大学，2010.

［23］张哲英. 清末民国时期语文教育观念考察［D］. 上海：华东师范大学，2009.

后　记

自2017年开始攻读博士学位以来，我不知不觉地开始关注胡适育人思想，虽然中间曾间断地从事其他领域的研究，但最终仍将自己的研究重心聚焦到了这个方面。

博士学位论文的撰写是重塑一个人精神世界的过程，必定经历"九死一生"。我的选题过程异常曲折，经历了从"传统教化的现代转型"到"人的现代化"，再到"国民性改造思想"，最终确定为"胡适国民性改造思想"的艰难过程。

在博士一年级研究传统教化问题时，我对中国传统道德现代化问题产生了浓厚的兴趣。随着中国传统道德现代化问题研究的深入，在导师的指导下，我开始关注传统道德现代化中的制度问题，尤其对民国时期有关"制度与人"关系方面的研究颇有兴趣。最终，我选择以国民性问题为切入点，将博士学位论文聚焦胡适国民性思想的研究上。

确定题目后，导师进一步指导我从两方面着手：一是要精力集中，通读胡适的著作、论文原文，获得第一手资料；二是视野要开阔，时时处处把胡适的思想与他人的思想进行比较来论述，在与他人思想与时代精神的对比、交融中凸显他的思想。在导师的指导下，在通读胡适原著的基础上，我整理了胡适国民性思想的原著索引和理论主题，为论文的撰写做好了准备。经过大半年的思考与写作，2019年11月，我将论文初稿交予导师。导师从整体上肯定了论文的价值，但也提出了很多修改建议。其中，提到了一个根本性的问题："那就是胡适国民性改造思想对于今天的中国人的现代化，究竟有什么意义和价值？"导师指出，应该从更高层面，更高角度，即需要站在"人的现代化"的层面回答胡适国民性改造思想的当代价值问题。立足现实，不难发现：今天仍然存在着两种不同的思路：一是强调集体主义，把个人视为国家、民族的工具，以所谓大我代替、覆盖小我，甚至完全忽视个人的正当需要；二是强调极端个人主义，否认个人的社会责任，追求个人的终极自由。这两种思路无疑都是有害的，但我们以往的批评似乎未能击中要害。胡适国民性改造思想对人的现代化有哪些独特性价值？其意义何在？针对导师提出的问题，我详细阅读了英格尔斯关于"人的现代化"的诸多论述，结合共和主义、自由主义、社群主义、马克思主义等理论，详细分析了胡适国民性改造思想对"个人主义""集体主义"的反思与超越，进一步论证了胡适国民性改造思想对"社会现代化"与"个人现代化"的平衡和融合。

2020年4月论文预答辩后，评委老师提出同一疑问，那就"胡适国民性改造思想"偏教育史，对当前学校教育有何启示？综合导师组的建议，我将论文题目最终改为《胡适国民性改造思想及其教育启示》，教育启示部分突出了胡适国民性思想的当代教育启示，而非仅仅从之前公民教育角度阐发。论文至此得以成形。

博士学位论文构成了本书的主要内容。博士毕业后，我在这方面的研究和思考没有结束。在进行国民性理论思考的同时，我尝试从胡适育人思想"制度与人"关系的更高层面，揭示胡适对人的现代化方面的理论思考及其当代价值。与此同时，在看过政治学、伦理学等方面书的基础上，思考制度和人的关系问题，试图在历史研究基础上，通过增强历史研究的理论逻辑，推进对制度育德的认识研究。这一阶段的思考，整合到博士学位论文之中，就基本构成了本书的内容。

成书的整个过程，经历了"山重水复"，也见证了"柳暗花明"，最终得以完成，都要感谢赋予我思想以光辉的人们。

无论是博士学位论文的写作，还是本书的写作与出版，杜时忠老师都给予我所能给予的帮助和引导。让我能从"教育基本理论"领域逐渐转向"道德教育"领域，并能遵从内心兴趣找到能够刺激自己神经的研究主题。杜老师经常对我说："不要太在意外在的评价。学术研究说到底是追求真理，让自己成为更好的自己，所谓为学由己，学问为己。"正是这种民主自由、崇尚真理的环境，让我真正认识到何为真、善、美，何为至真的世界观和人生观，也让我在学术领域自由翱翔的同时，还可以循着心中的点点疑问探寻路边的风景。程红艳教授在学术上循循善诱、答疑解惑，生活中又如朋友一般平易近人、温润可亲。博士三年，程老师对我学习和生活上给予很大的帮助，在此，向程老师表示衷心的感谢。张应强教授、靖国平教授、王坤庆教授、涂艳国教授、岳伟教授和田友谊教授参与了我的博士学位论文答辩，也对书的诸多观点提出了宝贵建议，在此一并感谢。德育所的同门和同学在我每一次沙龙汇报时提出意见和建议，谢谢大家的肯定、启发和帮助。

还要感谢我的家人。感谢父母在我读博路上的无条件支持。读书的这些年，父母一再告诉我，不要为家里任何事情困扰，安心读书便是。无论我们走哪里，飞多远，父母永远是我们最强的后盾、最暖的港湾。感谢我的哥哥、姐姐和妹妹，在我求学的这么些年，承担了本来由我这个女儿该承担的责任。如果没有他们，我不可能安心求学。

也向支持本书出版的九州出版社表示衷心的感谢！感谢本书编写中所涉及的所有参考资料的作者，你们的成果给了本书丰富的智慧，也成为本书奠定了坚实的学术基础。

最后，感恩遇到胡适先生。先生一生都"为学术和文化的进步，为思想和言论的自由，为民族的尊荣，为人类的幸福而苦心焦思"。先生告诉我们，怕什么真理无穷，进一寸有进一寸的欢喜。现在社会如何，是先人作用的结果，未来社会如何，就要看现在人们的努力和作用了。先生一生，无疑已尽了自己的本分，而未来情形则要看我们如何尽自己的本分了。

雷月荣

2024年4月28日于太原家中